인사이드
다보스

인사이드 다보스

INSIDE DAVOS

신명철

KOREA
UNIVERSITY
PRESS
고려대학교
출판문화원

차례

프롤로그

다보스 세계 경제 포럼은 어떤 의미를 갖는가?

다보스 포럼은 '포럼 중의 포럼'이라 불리며 세계 엘리트 집단의 연차 총회로 자리매김했다. 다보스 포럼은 공공 부문과 민간이 만나 펼치는 국제회의다. 특별한 장소에서, 특별한 사람을 모아, 특별한 경험을 제공하는 다보스 포럼을 중심으로, 세계에서 가장 영향력 있는 미디어 플랫폼으로 발돋움하고 있다. 다보스 포럼은 다양한 경로로 정책 입안자와 기업 최고 의사결정자 등 영향력 있는 사람들에게 양질의 콘텐츠를 지속적으로 공급한다. 동시에 지역 포럼도 개최한다. 포럼 참가자가 집중된 시간, 집중된 장소에서 다양한 지식과 의견을 빠르게 나누도록 돕는다.

참석자의 면면을 살펴보면 놀랍다. 2018년 다보스 포럼에는 60개국의 대통령, 국무총리 등 정상급 인사들과 IMF(국제통화기금), WHO(세계보건기구) 등 국제기구의 수장들이 대거 참여하였다. 경제계에서는 세계 유수 기업 회장단들뿐만 아니라 맥킨지, UBS, 월스트리트저널 등 세계 유명 컨설팅 기업과 투자은행, 그리고 미디어 회사들의 최고위 임원들이 한자리에 모였다. 최신 이슈를 발표하고 협의하는 노벨상급 학자들과 패널 토의 참여자들, 그리고 사회운동가, 예술가 등 다양한 분야를 망라한 소위 '세계 1%' 엘리트들이 스위스 산골 마을 다보스에 모여 수일간 다양한 주제의 이야기를 나눈다. 행사 주최 측 집계 약 3천 명의 공식 참석자들과 이들을 수행하는 사람들, 외신 등 비공식적으로 다보스를 찾는 사람들까지 합치면 매년 1월 다보스는 많은 사람들이 왕래하며 불야성을 이룬다.

1월을 기점으로 다보스 포럼은 연중 세계 정치, 경제의 핵심 화두를 쉴 새 없이 쏟아 낸다. 가장 큰 행사는 단연코 스위스 다보스에서 열리는 세계경제포럼 연차총회이다. '섬머 다보스'라는 별칭으로 매년 여름 중국에서 열리는 '세계경제포럼 뉴 챔피언 연차 총회'도 그 규모나 신흥 시장에 관심을 갖고 참석하는 다양한 이해관계자들의 면면을 살펴보면 상당히 매머드 급이다. 다른 지역에서 열리는 지역 특화 세계경제 포럼들과 여러 부대행사까지…. 다보스 포럼은 연중 세계 정치, 경제의 핵심 어젠다를 세우고 주요 미디어 채널을 통해 쉴 새 없이 새로운 화두를 던진다.

2020년이면 50회를 맞는 다보스 포럼은 이렇게 명실상부 세계적인 지식 거래의 장으로 발돋움하였다. 공공 부문과 민간의 가교 역할을 담당하며 우리가 살고 있는 세계를 좀 더 건전한 방향으로 발전시키기 위한 협의의 장으로 세계 정상급 리더들을 초대하고 다양한 정치, 경제 현안을 다루는 민간 외교의 장으로 발전하였다.

많은 자원이 동원되는 다보스 포럼, 그만한 가치가 있을까?

일주일이 채 되지 않는 다보스 포럼을 위해 어마어마한 자원이 동원된다. 세계 정상급 인사들을 유치하기 위해 스위스에서 철통보안을 제공한다. 그리고 수천 명이 찾는 다보스 포럼 기간은 눈보라가 몰아치는 겨울이 아닌가. 제설이나 교통 편의를 위해 스위스 정부에서 물심양면 지원하지만 여전히 다보스 포럼을 찾기 위해 전 세계에서 모여드는 참석자들은 많은 비용을 지불해야 한다. 일례로 공식 프로그램만 4백 개가 넘는데 거기에 더불어 다보스 전역에서 수많은 기업과 협회, 그리고 특정 국가에서 주최하는 부대 일정이 쉼 없이 진행된다. 오전 7시 조찬 모임으로 하루를 열고 밤늦게까지 다양한 모임과 파티가 이어진다.

그런데 다보스 포럼은 이럴 만한 가치가 있을까? 다보스 포럼을 놓고 단기간 투입 대비 수익, 즉 ROI(Return Over Investment)를 따지는 것은 바람직하지 않다. 다보스 포럼에서 누구를 만난 게 자랑이 될 수도 있지만 크고 작은 만남과 사업 협의가 실질적인 실행으로 옮겨지는 경우는 드물다. 선언적인 정책 방향이 일반인들의 삶에 직접적인 영향을 미치는 데는 상당한 시간이 걸린다. 그래서 그 효과를 판단하기가 쉽지 않다. 정책 효과를 확인하고 평가하기 위해 한 세대를 훌쩍 넘기는 경우도 허다하다. 그래서 정책 관련 이슈는 호흡이 긴 만큼 방향이 매우 중요하다.

다보스 포럼은 겨울, 그것도 많은 사람들이 새해맞이로 분주한 1월에 열린다. 이렇게 연초 행사를 통해 다보스 포럼은 전 세계 새해 어젠다에 영향을 끼친다. 다보스 포럼에서 세계 1% 엘리트들이 나눈 이야기들은 기업들이 사업 전략과 방향의 큰 테두리를 정하는 데 참고가 되고 정부나 관계 부처 혹은 사회단체가 장기적인 실행에 옮기는 데 방향키 역할을 한다. 이것은 다보스 포럼이 지난 반세기 가량 꾸준히 확대 발전시켜온 저력이다.

어젠다를 만들기 위해 포럼에서 조직적으로 일하는 7백여 명의 직원과 포럼을 지원하는 막강한 '집단 지성' 커뮤니티는 매년 그 역할을 충실히 수행하고 있다. 다보스 포럼은 매년 1월 한 해 동안 진전된 이야기를 점검하고 새로운 미래의 방향을 그리는 나침반 역할을 하며 매년 최고위층 인사들의 새해맞이 의식으로 자리매김하고 있다.

이제는 다이얼로그의 시대

일방향으로 전달하는 독백(monologue)의 시대는 끝났다. 우리는 소통과 대화(dialogue)를 통해 배우고 상호작용하는 시대에 살고 있다. 우리는 끊임없는 소통을 통해 더 많은 것을 배운다. 다보스 포럼은 다양한 이해관계자들 간 대화를 증진하기 위해 노력한다. 이것은 포럼이 창립 초기부터 꾸준히 지켜온 일종의 게임의 법칙이다. 일관된 목적 아래 각자의 배경과 경험을 근거로 의견을 주고받다 보면 어느 순간 공통분모가 생기고 실행에 옮길 수 있는 동력을 얻는다. 대화가 잘 진행될 수 있도록 돕는 퍼실리테이터(facilitator)나 조력자가 필요할지언정 어떤 경우에도 누가 결정을 내려줄 필요도 없고 심지어는 좌장이나 리더가 필요 없는 경우도 있다. 동일 선상에서 다른 사람의 시각을 관찰하고 공감하며 좀 더 나은 결론에 도달할 수 있다면 우리가 직면하고 있는 많은 문제에 대한 해결의 실마리를 좀 더 쉽게 찾을 수 있지 않을까? 여기서 단연 돋보이는 것은 역시나 많은 사람들의 공감을 얻어내고 개개인이 갖고 있는 기량을 백분 펼칠 수 있도록 돕는 퍼실리테이터의 역할이다.

이런 과정을 통해 얻는 해결책은 격론이나 불평등한 관계에서 파생될 수 있는 일방향 커뮤니케이션보다 실질적인 변화를 가져오는 데 더 긍정적인 영향을 끼친다. 2018년 다보스 포럼을 찾은 매우 이례적인 인물로 기록된 미국 도널드 트럼프 대통령이 클라우스 슈밥(Klaus Schwab) 다보스 포럼 창립자에게 찬사를 보냈던 것도 이처럼 다양한 사람들을 모으고 이야기를 풀어 나가는 데 탁월한 다보스 포럼이 갖는 상징적인 모습 때문이다.

다보스 포럼은 국가 정상급 인사와 재계 리더를 한 자리에 모아 민간과 공공의 협력을 증진하고 다자간 협력(multi-stakeholder cooperation)을 통해 공통된 목적으로 한 걸음씩 나아가는 효과적인 토대를 만들어 놓았다. 이건 다른 국제기구에서도 쉽게 하지 못했던 일이다. 다보스 포럼은 포럼이 열리는 스위스라는 중립적인 성향을 가진 나라를 무척 닮아 있다. 누구든 들어올 수 있고 동일 선상에서 협의에 참여하고 기여할 수 있다.

철저히 나의 관점에서 살펴본 다보스 포럼

나는 2016년 다보스 포럼에서 제정한 영 글로벌 리더로 선정되었다. 영 글로벌 리더는 다보스 포럼에서 비밀 추천 제도와 밀도 있는 검증을 통해 선정하고 관리하는 40세 이하 차세대 리더 커뮤니티다. 현재 활동 중인 영 글로벌 리더는 전 세계 약 750명 정도이다. 영 글로벌 리더는 다보스 포럼과 연중 열리는 개별 지역 포럼에 참가할 수 있는 기회를 얻는다. 영 글로벌 리더만을 대상으로 하는 연차 총회도 별도로 있다.

영 글로벌 리더들이 주는 여러 혜택 중 내가 가장 가치 있다고 생각하는 경험은 옥스포드, 하버드, 예일대, 프린스턴대 등 세계 유수의 대학에서 1–2주가량 집중적으로 제공하는 교육 프로그램이다. 또한 별도로 일종의 영 글로벌 리더 자치 프로그램인 정치 입문 길라잡이, 몽골 사막 체험, 극지대 투어처럼 영 글로벌 리더들이 자발적으로 꾸리는 탐사 여행(learning journey)이 있다. 나는 시간이 허락하는 한 교육 프로그램만큼은 가급적 놓치지 않고 모두 참석하려고 한다. 유수의 대학에서 스타 교수와 전현직 고위 공무원과 임원을 초대해 정책, 리더십, 세계적 이슈에 대해 가르치고 토론할 수 있는 기회를 준다. 담당 교수가 본인의 전문성을 토대로 해당 주제에 대한 전반적인 맥락을 짚어주고 핵심적인 질문을 던지면 누가 먼저랄 것도 없이 거침없는 토론이 시작된다.

영 글로벌 리더들은 서로 비평하거나, 비평받는 데 전혀 부끄러움이 없다. 상대방에 대한 신뢰감이 어느 정도 형성되어 있고 서로의 의견을 존중하고 토론에 나선다는 불문율 때문에 상당히 우호적인 분위기 속에서 토론 학습이 진행된다. 그래서 반대를 위한 반대보다는 본질을 깊숙이 파고들어 해결의 실마리를 찾는 생산적 토의가 이어진다. 담당 교수나 토론을 이끄는 사람은 답을 제시하지 않고, 양몰이를 하는 목동처럼 공통된 합의에 다다를 수 있도록 돕는다.

2년 동안 경험한 교육 모듈은 하버드 경영대학원의 독특한 교육 방식인 소크라테스식 문답법(The Socratic Method)을 닮아 있다. 이와 같은 토론 방식을 통해 참여자들은 빠른 속도로 개별 사례의 문맥을 이해하고 주인공(protagonist) 관점에서 생각하고 어떤 행동을 옮겨야 할지 토의하는 훈련을 받는다. 결국 같은 주제여도 참여하는 학생의 배경이나 경험의 폭에 따라 수업 내용이 매번 달라질 수밖에 없다. 다보스 포럼의 공식 행사도 이와 매우 유사한 형태를 띤다. 누군가 답을 정해주고 '다 같이 뛥시다'라는 분위기를 만들기보다는 세계 정치, 경제의 중대한 이슈들을 중앙 무대에 올려 놓고 각자의 관점에서 의견을 제시하고 해결책을 공동 모색하는 것이다.

나는 다보스 포럼을 창업 기업가 관점에서 심도 있게 살펴보기 위해 노력했다. 그리고 다보스 포럼이 직면한 문제들에 대해 영 글로벌 리더 커뮤니티의 일원으로서 어떻게 하면 포럼이 창의적인 혁신가와 창업 기업가들과 접점을 만들 수 있을지 깊이 고민하며 포럼을 관찰하였다. 또한, 명품 포럼으로 자리매김하기 위해 포럼에서 진행하고 있는 다양한 흥미로운 장치들을 명품 브랜드 기업에서 일하는 임원의 눈으로도 심도 있게 살펴보았다. 비록 포럼의 방대한 내용을 모두 수렴할 수 없었지만, 모두에게 자기만의 포럼이 있다고 하듯, 철저히 나의 관점에서 2018년 다보스 포럼을 다녀온 기록을 이 책에 담았다.

1장은 기업가 관점에서 2018년 핵심 어젠다와 키워드를 짚어 보았다. 2장에서는 조금 더 세분화하여 내가 관심 있게 살펴본 세션 참관기와 주요 의제들을 되짚어 보았다. 3장에서는 다보스 포럼에서 만난 새롭게 떠오르는 주요 인물들에 대해 다뤘다. 4장에서는 창업 기업가 관점에서 앞으로 다보스 포럼이 풀어야 할 과제들을 제시하고 향후 전망을 정리하였다. 끝으로 5장에서는 다보스 포럼을 좀 더 효율적으로 계획하고 활용하기 위해 필요한 정보를 정리하였다.

이 책을 쓸 때 단순 행사 순서와 어젠다 나열이 되지 않도록 노력하였다. 어디까지나 나의 관점에서 다보스 포럼 참관기를 기록했기 때문에 다소 특정 주제나 문제 의식만 너무 부각되었을 수 있다. 다른 중요 주제나 안건에 대해서 간과한 부분이 있을 수도 있다. 나의 지식이나 특정 사안에 대한 이해도 부족으로 다소 왜곡해 행사 내용을 전달하는 부분이 있더라도 독자들의 너그러운 이해를 부탁드린다. 다보스 포럼이 하루가 다르게 유기적으로 성장, 발전하고 있는 만큼 특정 사안에 대한 시각이나 시의적절한 내용은 현장을 떠나면 많이 사그러들 수밖에 없다. 이를 위해 디지털 콘텐츠 전문 기획사 퍼블리(PUBLY)와 함께 포럼 직후 내가 보고 듣고 경험한 내용을 온라인으로 먼저 선보였다. 온라인 콘텐츠 출시 후 담지 못했던 내용을 고려대학교출판문화원의 협조로 책 형식에 맞춰 다시 한번 정리하여 출판하게 되었다. 실제 행사 시기와 책이 출간되는 시점 사이의 시간 격차로 인해 그동안 상당히 많이 진전된 사안에 대해 100% 커버하지 못한 부분이 있을 수 있다. 끝으로 세계경제포럼의 공식 입장과는 무관한 지극히 개인적인 관점에서 정리한 행사 참관기임을 미리 밝힌다.

1장 2018년 다보스 포럼의 핵심 어젠다

다보스 포럼은 클라우스 슈밥(Klaus Schwab)이 1971년에 발족한 유럽경영학회(European Management Forum)에 뿌리를 두고 있다. 세계가 직면한 다양한 문제의 대안을 모색하기 위해 각국의 지도자가 의견을 나누는 아카데믹한 행사가 50년 가깝게 이어지고 있으니 참으로 대단하다고 말할 수밖에 없다. 비공식 집계이나 다보스 포럼이 열리는 일주일 동안 약 1,800억 원 정도의 수익을 거둬들인다고 하니 상업적으로도 대성공이다.

세계 굴지의 기업들은 기업 파트너로 다보스 포럼에 참여한다. 주변 행사를 통해 브랜드 이미지를 각인시키고, 잠재적인 사업 관계를 확대하기 위해 많은 공을 들인다. 기업은 드러내지 않고 물밑 로비 활동을 펼친다. 다보스 포럼의 가치를 지키고 행사가 상업적으로 변질될 우려를 줄이기 위함이다. 기업은 이렇게 보이지 않게 다보스 포럼을 통해 브랜드에 대한 이미지를 각인시키고 잠재적인 사업 관계를 확대하기 위해 가장 많은 애를 쓰는 집단이다. 기술 혁신, 환경 문제 등 인류가 당면한 문제의 최접점에서 어떻게해서든 가치를 창출하기 위해 애쓰는 기업의 이야기는 다소 상업적으로 변질될 우려는 있어도 매우 현실적이고 실제적이다.

주요 이해관계자들 간 역할도 잘 나뉘어져 있다. 예를 들면 학자들이 과거에 대한 성찰과 미래에 대한 예견으로 포문을 열면 기업을 경영하는 사람들은 철저히 현실에 입각한 돌파구를 제시한다. 그리고 정책 입안자와 국가 정상급 지도자가 거시적인 관점에서 힘을 실어준다. 이것이 다보스 포럼이 돌아가는 방식이다.

공유할 수 있는 미래 만들기

다포스 포럼 참석자 평균 나이는 남성이 52세, 여성이 49세다. 정년 없는 기업 오너나 회장단들까지 대거 참석하다 보니 체감으로 느껴지는 평균 참석자 나이는 50대 후반도 훌쩍 넘는다. 다보스 포럼을 창립하고 여전히 행사장을 종횡무진 활보하는 클라우스 슈밥의 나이는 놀랍게도 올해 여든이다. 다보스 포럼의 드레스 코드는 '비즈니스 캐주얼'. '캐주얼'이라는 단어가 무색하게 전반적으로 상당히 포멀한 느낌이다. 각국 정상들은 물론, 비즈니스 리더들을 수행하는 사람들의 각 잡힌 옷차림을 보면 괜히 더 차려 입어야만 할 것 같다. 갈라 디너 등 공식적인 전체 행사는 당연히 예외 없이 블랙 타이에 턱시도, 그리고 드레스다. 게다가 포럼이 열리는 스위스 다보스는 추운 동네다. 그래서 참가자 대부분이 지긋한 연세에 옷차림도 상당히 무겁다.

그래서 그런지 다보스 포럼이 외부에 내보내는 공식 이미지도 대부분 상당히 정제된 느낌이다. 그래서 '부자 어르신들의 회합', 다보스 포럼의 상징적인 이미지는 그렇게 탄생했다. 그러다 보니 그다지 젊거나 '쿨'하지 않다. 그래서 블록체인, 증강현실 등 아무리 혁신적인 주제를 이야기해도 연신 무거운 분위기다. 물론 세계 주요 현안과 문제를 함께 고민하고 해결하는데 어르신들의 지혜가 필요하고 더 나아가 나이가 무슨 상관이냐고 물을지도 모른다. 그리고 참석자들의 연령대를 무색하게 할 정도로 현장의 열기는 상당히 뜨겁다.

새로운 지식의 경연장이자 실질적인 문제 해결을 추구하는 세계 리더들이 격돌하는 토론장, 다보스 포럼은 그 존재 자체만으로 세계화의 한 단면을 보여준다. 참고로 2019년 연차 총회의 주제는 "세계화 4.0"이다. 각국의 상황에 대한 공감으로 시작해 더 나은 해결책을 찾기 위해 생산적인 의견 불일치와 일치를 반복하는 과정에서 한순간도 한눈 팔 틈이 없다. 마치 '토론 아니면 죽음을 달라(debate or die)'는 사람들만 모아 놓은 것처럼 다보스 포럼은 상상 이상으로 매우 인터랙티브(interactive)한 토론이 이어지고 토론의 강도 또한 상당히 세다.

다보스 포럼의 주제는 세계적인 키워드가 되곤 한다. 2016년 다보스 포럼은 4차산업혁명이라는 화두를 전 세계 공통 관심사로 끌어올리는 데 크게 기여했다. 사실 4차산업혁명은 인더스트리 4.0이라는 이름으로 이미 수년 전부터 독일 및 유럽을 중심으로 시작된 개념이었다. 독일 정부는 2020년까지 고도화된 제조업 기반을 마련하기 위해 국가전략 인더스트리 4.0을 발표했고, 범국가적 실행을 위해 다양한 워킹 그룹을 구성했다. 대표적인 실행 케이스 또한 이미 SAP 등 기업 솔루션 전문 IT 기업을 통해 이미 많이 소개되었다.

이런 배경을 토대로 4차산업혁명이 2016년 다보스 포럼의 핵심 주제로 등장하였다. 다보스 포럼은 4차산업혁명이라는 큰 화두에 사회, 경제적 파급효과라는 살을 붙이고, 양극화와 불균형 극복이라는 도전적인 주제를 던진다. 미래에 초점을 맞추고 있지만, 너무 멀게 느껴지지 않는 2025년을 티핑 포인트(tipping point, 급격한 변화가 일어나는 분기점)로 정하고 기술 진보를 구체적으로 논하고 국가와 기업들이 바로 적

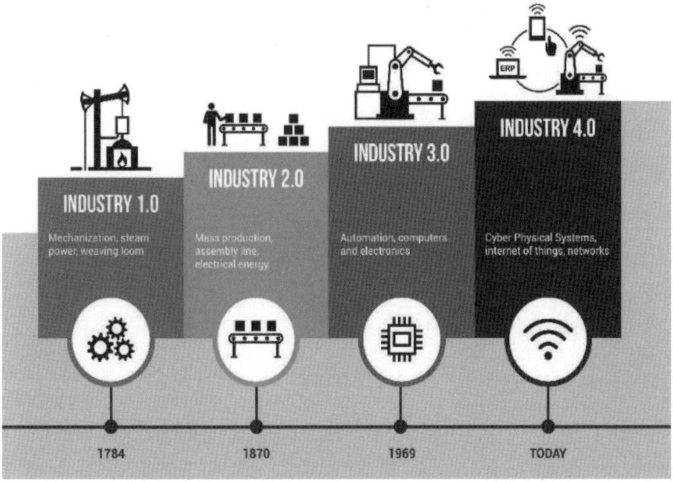

인더스트리 1.0에서 인더스트리 4.0까지 © Greg Cline

용할 수 있는 유용한 정책적 앵글을 제시하는 것이다. 2017년에는 '소통하고 책임있는 리더십(Responsive and Responsible Leadership)'을 다뤘고, 이번 2018년 포럼은'균열된 세상에서 공유할 수 있는 미래 만들기(Creating a Shared Future in a Fractured World)'라는 주제로 진행되었다. 4차산업혁명 논의를 한 단계 끌어올려 새로운 시대가 도래할 때 따라오는 잠재적 위험 요소를 점검하고 공동 해결책에 대한 협의를 글로벌 어젠다로 끌어올리겠다는 취지이다. 다양한 이해관계자들 사이에서 공론화해 문제를 해결하는 다보스 포럼 특유의 문제 해결 방식이 엿보인다.

거대한 주제 속에 다보스 포럼이 담고자 했던 본질적인 질문은 무엇일까? 소유하는 것이 미덕이던 시절이 있었다. 소비 능력이 사회적 계층을 상징하기도 했다. 전후 베이비 부머 세대들은 열심히 일하고 절약하면서 부를 축적하기 시작했다. 더불어 좋은 집과 자동차, 그리고 안정적인 생활과 편의를 위해 많은 것을 소비하고 소유하려던 시절이 있었다. 그런데 인터넷과 스마트폰이 일상생활 속에 깊숙이 들어오고 밀레니엄 세대가 출현하면서 소유에 대한 개념과 소비 패턴이 빠르게 바뀌어 가고 있다.

과거 사료를 찾아보면 80년대 초 마틴 와이츠먼 하버드대 교수는 통해 공유 경제(the share economy)의 개념을 소개했다. 저서에서 거시적인 관점에서 일자리를 창출하기 위한 대안으로 공유 경제를 소개했다. 뉴욕 타임즈에서 케인즈 이후 최고의 아이디어라고 칭송하기도 했다. 공유 경제의 실제적인 예로 자주 언급되는 에어비앤비나 우버는 우리에게 상당히 친숙하다. 소유에 대한 관점뿐만 아니라 실질 소득원에 대한 개념도 빠르게 바뀌어 가고 있는데 이런 것들을 가능하게 해준 것은 거래가 쉽게 일어날 수 있도록 도와주는 중간 매개체, 즉, 플랫폼의 등장이 아닐까? 공유 경제에서는 소비하는 사람들뿐만 아니라 서비스를 제공하는 사람들도 대거 등장하였는데 이를 연결하기 위해 와이츠먼 교수가 심층적으로 정리한 공유 계약(share contract)이라는 개념은 좋은 이론적 토대가 되었다. 물론 2018년 다보스 포럼이 말하는 공유할 수 있는 미래(shared future)는 공유 경제보다 훨씬 더 진보된 개념이다.

포럼 첫날 클라우스 슈밥 다보스 포럼 창립자가 알랭 베르세 스위스 연방 평의회 의장(대통령과 같은 위치)과 함께 선언한 개회사처럼 공유할 수 있는 미래가 2018년 다보스 포럼이 전 세계에 전하고자 했던 핵심 메시지이자 시대정신이다. 기후변화나 환경 문제, 금융, 통화, 에너지 자원, 생산과 실물경제의 흐름, 심지어는 최근 각광받고 있는 가상화폐나 블록체인까지, 어느 것 하나 국가 간 혹은 이해관계자 간 긴밀한 협조가 없으면 제대로 돌아갈 수 있는 게 없기 때문이다. 도리어 세계화에 역행하고 개인이나 한 국가의 이익이 공공이나 글로벌 공동체보다 앞서는 상황이 빈번하게 일어나고 있다. 갈등 국면이 이미 상당히 위험한 수준에 올라선 것 같다. 요즘 세상 돌아가는 사정이 결코 순탄해 보이지 않는다. 어찌 되었건 균열된 사회가 야기하는 사태의 심각성을 다같이 인식하고 다수의 이해관계자들이 함께 모여 공유할 수 있는 미래를 함께 설계하고 만들어 갈 수 있도록 신뢰와 협력의 토대를 쌓는 것이 2018년 다보스 포럼의 핵심 취지이다.

기업가 정신: 제프 베조스와 일론 머스크는 어디 있는가?

나는 기업가 정신(entrepreneurship)이 인류가 당면한 문제를 해결할 핵심 열쇠라고 믿는다. 구슬을 꿰어 보배를 만드는 창업 기업가들이 가져다주는 사회, 경제적 가치는 어마어마하다. 다보스 포럼뿐만 아니라 많은 국가의 정책 입안자들은 4차산업혁명의 원동력을 기술 진보와 기존 시장의 질서와 틀을 완전히 뛰어넘고 '창의적인 파괴'를 두려워하지 않는 기업가 정신에서 찾는다. 그런데 문제는 다른 데 있는 거 같다. 막상 진보와 혁신을 이끄는 실리콘밸리와 전 세계 주요 혁신 클러스터의 창업 기업가들은 다보스 포럼에서 찾아보기가 매우 어렵다. 다보스 포럼이 다루는 거시적인 주제가 분명 도움이 될 법도 한데 발 빠른 행동을 중시하는 창업 기업가들에게는 상당히 버겁게 느껴지는 모양이다.

일각에서는 창업 기업가들이 다보스 포럼 참석을 꺼리는 이유를 격식을 따지는 무거운 행사의 분위기나 높은 비용 문제라고 지적한다. 초대받지 못하면 참석조차 할 수 없는 배타적인 포럼의 이미지, 1주일에 6천만 원에 달하는 공식 참가비용 때문이라는 것이다. 하지만 이미 여러 행사에서 경쟁적으로 초청하려고 애쓰고, 수조 원에 달하는 개인 자산을 축적한 창업 기업가들에게 과연 비용이 문제일까? 그리고 서로 모셔가려고 난리인데, 참석 의향만 사전 전달되면 다보스 포럼은 두 팔 벌려 대환영일 텐데 말이다.

다보스 포럼에서 마크 저커버그, 일론 머스크 같은 스타 창업 기업가들을 찾아보기 어렵다. 인적 네트워크 간 연결고리 역할을 하며 현대판 마이더스의 손을 자처하는 유명 벤처캐피털리스트들도 거의 찾아보기 어렵다. 아마존의 제프 베조스는 이커머스로 사업을 시작했지만 미국 유력 일간지인 워싱턴포스트와 최대 유기농 슈퍼마켓 체인인 홀푸드 마켓을 공격적으로 인수하며 빠르게 오프라인 쪽으로 진격해오고 있다. 어떤 면에서 제프 베조스는 다보스 포럼의 성격과 매우 잘 맞아 떨어지는 것처럼 보인다. 그럼에도 마이크로소프트 창업자 빌 게이츠가 다보스 포럼에 매년 개근할 정도로 적극적인 데 비하면 코빼기도 볼 수 없다. 속칭 '억만장자 클럽'이라 불리는 앨런&컴퍼니의 선밸리 컨퍼런스에는 거의 매년 참석하는데 말이다.

성공한 창업 기업가는 이미 너무 바쁘다. 그들에게 다보스 포럼을 우선순위 삼기에는 포럼에서 다뤄지는 주제가 너무 막연하고 고차원적일지 모른다. 그리고 행사 분위기가 너무 격식을 따지는 것 같다고 느껴질지 모른다. 다보스 포럼에서 창업 기업가 자신들이 풀고자 하는 어려운 문제들을 다루는 데 직접적인 연결 고리를 찾는 게 어려워서 그럴 수도 있다. 예컨데 캘리포니아의 따뜻한 햇살을 받으며 편한 반바지 차림으로 자유분방하게 의견을 던지고 일단 행동에 옮기는 문제 해결 방식에 익숙한 창업 기업가들에게 다보스 포럼은 너무 고루해 보일 수 있다.

4일 남짓한 행사 기간은 긴 듯하지만 많은 주제에 대해 실질적이고 깊이 있는 이야기를 나누기엔 상당히 짧은 시간이다. 대담자나 패널 토론자로 나서는 학자나 저널리스트, 정책입안자들이 전하는 이야기들은 모든 것을 실행 중심으로 살아가는 창업가들이 보고 듣는 현장의 소리와는 다소 괴리감이 있을 수도 있겠다. 창업 기업가들이 짐짓 공상가들처럼 보여도 뜬구름 잡는 이야기를 세상에서 가장 싫어한다.

우리는 새로운 영웅이 필요한 시대에 살고 있다. 관습에 얽매이지 않고 새로운 분야에서 완전히 새로운 방법으로 문제를 해결하는 혁신가들과 그것을 통해 가치를 극대화하는 창업 기업가들이 이 시대의 새로운 영웅이다. 다보스 포럼은 4차산업혁명의 핵심 동력을 기술 진보와 혁신이라 주장한다. 그것을 이끌어 나갈 주인공들이 바로 창업 기업가들이다. 더불어 세계 경제 성장의 핵심 축이 빠르게 아시아로 이동하고 있다. 실리콘밸리는 지난 40년간 기술의 진보를 통해 어마어마한 부를 축적했고 새로운 혁신 창업 기업가에게 재투자하는 선순환 사이클을 만들어 냈다. 실리콘밸리가 건강한 창업 생태계를 만들어 낸 것처럼 여러 신흥 시장과 절대 강자로

급부상한 중국도 실리콘밸리가 경험했던 창업 기업가 성공 모델을 따르고 있어 창업 기업가는 더 이상 서구 경제권에 국한된 이야기가 아니다.

창업 기업가들은 목적을 이루기 위해 자원을 모으고 적절한 사람들을 모아 조직화한다. 자기 나름대로 새로운 영역을 만들고 잘 되면 사업 성과는 큰 부로 연결되고 그렇게 축적된 부는 재투자되거나 아니면 사회적인 목적을 위해 기부된다. 이와 같은 건강한 부의 축적과 순환 사이클은 이미 실리콘밸리 둥지에서 적절하게 자리를 잡아가고 있다. 심지어는 가까운 중국이나 다른 창업 클러스터에서 큰 부를 축적한 창업자들도 그런 선순환적인 부의 사이클에 동참하고 있다. 이런 것을 가능하게 하는 게 바로 진정한 '창업 기업가 정신'이다. 그래서 이를 통해 사회문제도 해결할 수 있다고 믿는 사람들이 점점 늘어나고 있는 것이다. 창업 기업가 정신을 갖는 데에는 연령의 제한도 없고 전문성이나 출신 학교에 대한 차별도 없다. 말 그대로 결단력과 실행력이 있다면 어떤 문제도 해결할 수 있다는 것이다. 창업 기업가들은 끊임없이 도전하는 사람들이기 때문이다. 단순히 하나의 전문성이나 역할에 국한되는 게 아니라 종합적으로 사고하고 문제에 접근하고 해결하기 위해 고군분투하는 사람들이다.

다보스 포럼도 이와 같은 창업 기업가 커뮤니티를 끌어 안

기 위해 많은 노력을 기울이고 있다. 하지만 그런 노력에 비해 2018년도 다보스 포럼에서 창업 기업가들의 존재감은 너무 미약했고 관련 토픽들도 대부분 행사 마지막 날 인기 없는 시간에 포진해 있어서 상당히 의외였다. 다른 일정 때문에 느지막히 참석한 '스타트업' 관련 세션은 한국계 미국인 방송인으로서 월스트리트 저널에서 오래 일하다가 최근 상하이테크(상하이공대) 경영대 학장으로 자리를 옮긴 메이 리가 좌장을 맡았다. 힙합 아티스트이자 여러 기술을 접목한 브랜드 사업을 펼치고 있는 will.i.am과 런던 임페리얼 칼리지의 총장, 크레센트 CEO 등이 연사로 참여하였다. 흥미로운 연사들이지만 실리콘밸리 파워 리스트들이 쏙 빠진 세션은 말 그대로 속 빈 강정 같았다. 다보스 포럼과 기술 창업가들의 좀 더 긴밀한 접점이 없다는 게 아쉬웠다.

다행히 세션 자체는 나쁘지 않았다. 실리콘밸리 스타트업 생태계가 전 세계적으로 많은 관심을 받고 있는데 혁신 센터가 실리콘밸리에만 있지 않다는 가정 아래 토의가 시작됐다. 특히 동료 영 글로벌 리더이자 아랍에미리트에서 온 바달 자파는 진정한 스타트업은 단순히 유니콘(필자 주: $1B 이상 가치로 평가된 고성장 벤처 기업을 일컫는 말) 기업이 되는 것만을 추구하는 게 아니라 수십억 명의 사람들에게 영향을 끼칠 수 있는 기회를 발굴하고 키워나가는 데 온전히 매진해야 한다고 강조했다. 특히 사회적 문제 해결을 위해 지역 커뮤니티와의 긴밀한 협력의 중요성을 강조했다. 예를 들어 런던의 인벤션 룸이 좋은 예이다. 멘토링도 좋은 문제 해결책이 될 수 있는데 will.i.am은 과거 금전적인 기부 중심에서 경험을 나누는 것으로 옮겨 가야 한다고 주장했다. 실패를 용인하지 않는 문화를 깨기 위해서는 다 함께 노력해야 한다고 강조했다. 비슷한 이유로 정부나 규제 기관의 참여도 필요하다는 데 의견을 모았다. 정리하면 기업가 정신이 많은 사회적 문제 해결에도 도움이 되고 연사들이 언급한 내용에 대부분 동의는 하나, 벤처 특유의 초고속 성장을 담보하는 데 과연 연사들이 언급한 내용들이 직접적인 상관 관계가 얼마나 있을까 개인적으로 많은 의문이 생기는 부분이었다. 거대 기업이 선점하고 있는 산업이나 거시적인 경제의 흐름을 보면 창업 기업들이 속한 신흥 산업이 보잘것없어 보일 수 있다. 하지만 종종 상상하지 못할 만큼 빠르게 성장한다.

블록체인은 2016년 말 관련 분야 누적 투자액이 벤처캐피털 기준으로 $1B 남짓이었으나, 1년이 채 안 되어 누적 투자액이 $3B을 훌쩍 넘어섰다. 이렇게 빠르게 투자액이 늘어난다고 해도 여전히 세계 전체 투자 규모에 비해 매우 미미한 수준이다. 2017년 다보스 포럼에 참석 중이던 지인이 블록체인이 굉장히 핫하게 이야기되고 있는데 그게 도대체 무엇인지 물어보는 문자를 보내왔었다. 나는 벤처투자자로서 블록체인 관련 이야기를 수년 전부터 이미 많이 들어왔지만 나이 지긋한 회장님들이 모인 다보스에서 블록체인을 논의하고 있다는 이야기를 듣고 깜짝 놀랄 수밖에 없었다. 블록체인이 전형적인 하이프 사이클(hype cycle, 기술 초기 시장이 급격히 과열되는 현상)에 올라타고 있다는 느낌을 지울 수가 없었다. 블록체인이 세상을 크게 이롭게 할 기술적 진보인 것은 인정하지만 상업적인 동기가 충만한 누군가에게는 판을 크게 키워 한몫 크게 잡을 수 있는 일생일대의 기회일 테니까 말이다. 더군다나 다보스 같은 훌륭한 미디어 플랫폼에서 크게 터뜨린다면 그 영향력은 어마어마할 것이다.

여성, 또 다른 성장 엔진

우리는 세계적으로 각계각층의 여성 리더들이 약진하는 시대에 살고 있다. 다보스 포럼의 상황은 어떠할까? 2017년, 포럼은 개최 이래 처음으로 여성 참석자 비중이 20%를 넘어섰다고 보도했다. 매년 약 1-2% 증가하며 여성 참석자층이 점점 늘고 있다고 한다. 하지만 여성이 여전히 참석자의 1/5밖에 안 되는 매우 초라한 성적표이다. 물론 여전히 세계 유수 기업의 최상위 리더십이나 정부 고위직을 맡고 있는 여성들의 비율에 비해 상당히 높은 수준이라고 자평하고 있으나 여전히 너무 낮다.

2018년 다보스 포럼을 준비하면서, 무엇인가 특단의 조치가 필요했던 모양이다. 그 결과로 제48회 포럼의 의장단을 전부 여성 리더들에게 맡겼다. 면면을 살펴보면 상당히 막강하다. IMF 총재이자 다보스 포럼 이사진 23명 중 한 명인 크리스틴 라가르드가 제일 눈에 띄었고, 노르웨이의 '메르켈'로 불리는 에르나 솔베르그 국무총리도 한몫 거든다. 인수합병을 통해 IBM 사업 모델의 틀을 과감히 변화시킨 지니 로메티 회장은 민간 부문을 대표한다. 총 7명의 의장단은 프로그램 어젠다와 발제자 선정에 깊이 관여하고, 다보스 포럼을 찾는 전 세계 리더들을 상대로 포럼의 주제를 전파하는 역할을 담당한다. 4명이 공공 부문을, 2명은 민간 부문을, 그리고 마지막 1명은 사회적 기업을 대변한다. 누가 봐도 좋은 밸런스이다. 그리고 여성들이 한몫하고 있으니 급진적인 것처럼 보이지만 상당히 시대에 부응하는 모양새이다.

실제로 수면 아래에서 진행된 다보스 포럼의 여성 리더십 증진을 위한 노력은 그 역사가 길고 상당히 조직적이다. 다보스 포럼은 2006년부터 '글로벌 젠더 갭 리포트'(세계 성 격차 보고서)를 매년 발간하고 있다. 144개 국가의 성 격차 증감 추이를 추적하는 리포트인데, 2017년에는 성 평등 지수가 제일 높은 나라로 아이슬란드를 지목했다. 최하위의 불명예는

예멘이 차지했다. 우리나라는 하위권인 118등을 차지했는데, '경제활동 참여 기회'는 121등, '교육 성취도'는 105등, '의료혜택과 생존 수준'은 그나마 높지만 여전히 중간 이하인 84위, 그리고 '정치 참여도'는 90위에 불과하다. 주변국들의 상황도 크게 좋아 보이지는 않는다. 중국은 100위, 일본은 114위로 우리나라보다 약간 앞선다.

다보스 포럼이 3백 페이지가 넘는 '글로벌 젠더 갭 리포트'를 매년 발간하는 이유는 무엇일까? 인적 자원으로서 여성들의 사회, 경제적 참여를 강조하는데, 세계 경제의 지속적인 성장과 경쟁력 확보를 위해 여성들의 역할이 필수불가결하다는 전제가 이 리포트의 출발점이다. 방대한 데이터를 토대로 한 국가 간 성 격차에 대한 비교가 여성 권익 신장이나 사회 참여 증대로 연결되는 순기능을 해왔다. 이를 통한 지속적인 성 격차 감소를 기대하고 있으나, 공교롭게도 2017년 리포트를 살펴보면 2006년 첫 리포트 발간 이래 역성장했다는 결과치가 나왔다. 예를 들면 2016년 기준, 전 세계 성 격차가 없어지는 데 걸릴 것으로 추산된 시간은 83년이었다. 하지만, 2017년에는 도리어 17년이 늘어 총 백 년이 걸릴 것이라는 예상치가 보고되었다. 여성의 정치적 참여는 유례없이 늘어나고 있으나 여전히 가장 큰 비중을 차지하는 사회, 경제적 참여와 의료 혜택에 대한 격차가 크기 때문이다. 아직 갈 길이 참 멀게 느껴진다. 하지만 이와 같은 화두를 던지고 글로벌 어젠다로 끌어올리는 다보스 포럼의 노력은 이렇게 체계적으로 진행되고 있다.

나는 2017년 11월 싱가포르 국립대 산하 리콴유 정책대학원에서 45명의 영 글로벌 리더(Young Global Leader, 혹은 약어로 YGL이라 부른다. 다보스 포럼에서 선정한 40세 이하 차세대 리더 커뮤니티)를 위한 교육 행사가 열렸다. 마지막 날 아침, 체아 세레이 캄보디아 중앙은행 총재 등 ASEAN 지역에서 각 분야에서 뛰어난 업적을 쌓고 있는 여성 리더들을 초청하여 열띤 패널 토론을 펼쳤다. 그 분위기를 이어받아 고촉통 전 싱가포르 총리는 다양한 질문들 중에서도 ASEAN 내 여권 신장과 그로 인해 파생된 사회적 도전에 대해서 균형감 있는 시각을 전달해 주었다.

예를 들어 노르웨이에서 대형 해운 회사를 소유한 영 글로벌 리더 토마스 빌헬름센에게 2003년부터 이사회의 40%를 여성 이사로 채우도록 한 노르웨이의 전향적인 정책에 대해 물어본 후 가감 없이 본인의 견해를 이어 갔다. 그의 견해를 요약하면 사전 준비 없이 급진적으로 정책을 실행할 경우 수많은 어려움은 있지만 이와 같은 정책 기조를 꾸준히 유지하다 보면 장기적으로 준비된 여성 리더들을 많이 양성하는 사회적 순기능이 있을 것이라고 강조하였다. 네덜란드, 프랑스도 이와 같은 움직임에 동참하고 있고 기업들이 실력 있는 여성 리더들을 많이 등용할 수 있도록 정부가 나서서 정책적으로 지원하는 것은 바람직한 현상으로 보인다. 이와 같은 분위기가 자연스럽게 형성될 수 있도록 세계 정상급 지도자들의 목소리를 빌어 다보스 포럼은 지속적으로 공감대 형성에 노력을 기울이고 있다.

2017년 여름, 공공 부문 진출을 꿈꾸고 있거나 이미 공공 부문에서 두각을 나타내고 있는 영 글로벌 리더들을 위해 캐나다 의회 건물에 모여 워크샵을 진행했다. 위층에 사무실을 쓰고 있던 쥐스탱 트뤼도 총리도 일부러 시간을 내어 영 글로벌 리더와 만나 이야기를 나눴다. 계획에도 없던 트뤼도 총리의 방문에 참석한 영 글로벌 리더들은 환호했고 1시간가량 총리로서 민간과 공공 부문에서 균형 잡힌 시각을 갖기 위해 애쓰는 본인의 고충을 가감 없이 나누어 주었다. 쥐스탱 트뤼도 캐나다 총리가 2015년 새 내각을 발표했을 때 남녀 구성비를 15:15 남녀 동수로 정했고 세계 언론이 주목했다. 트뤼도 총리가 남녀 성비를 맞추기 위해 노력한 이유가 무엇이냐는 기자의 질문에 '지금은 2015년이잖아요'라고 간결하게 답해 그 울림이 더 컸다.

다보스 포럼은 백인 앵글로색슨 갑부 남성들의 행사라는 포럼 이미지가 상당히 부담스러웠던 모양이다. 그래도 포럼

의장단을 전원 여성으로 꾸린 2018년 연차 총회는 매우 의미 있는 노력으로 오랫동안 기억될 것이다. 이를 통해 포럼 어젠다와 이야기되는 여러 주제들의 톤과 질적인 수준도 분명 과년도와는 다른 색채를 띠었으니까 말이다. 왜냐하면 지금은 2018년이니까.

균열된 세상 속에서 가속되는 위기

앞서 언급한 것처럼 2018년 다보스 포럼의 의제는 '균열된 세상에서 공유할 수 있는 미래 만들기(Creating a Shared Future in a Fractured World)'이다. 4백 개에 달하는 세션에서 급변하고 요동치는 시대에 인류가 어떻게 더 나은 미래를 만들어 갈지 함께 모색해 보았다. 분열과 갈등을 극복하고 인류가 함께 더 나은 미래를 설계하기 위해 긴밀한 글로벌 협력이 필요하기 때문이다. 이 의제는 아래와 같이 다시 네 개의 주제로 나뉜다.

1) 지속 가능한 경제 성장

공동의 번영을 위한 새로운 경제 모델 구축에 대해 이야기하였다. 아무리 민주주의가 뿌리를 내리고 산업화가 이루어져도 인류의 3/4 이상이 아직도 먹고 사는 문제를 해결하지 못하고 있다.

당장 먹고 사는 문제를 해결해야 꿈도 있고 미래도 있는 법이다. 성장이 없으면 보수냐 진보냐를 따지는 것도 아무 의미 없는 일이다. 자원은 한정되어 있고 인류의 수명은 점점 더 늘어나고 있고 자국의 이익증대를 위한 국가 간 경쟁은 불가피해 보인다. 지속 가능한 경제 성장을 위해 생산 시스템과 자원 낭비를 줄여 공급망에서 가치를 극대화하는 법, 최근 가장 큰 화젯거리인 4차산업혁명과 기본소득 관련 이슈 등을 집중적으로 다뤘다.

2) 양극화를 넘어 다극화 세상의 도래

동시다발적으로 일어나는 지정학적 위기와 범세계적인 자연재해 그리고 기후변화에 공동으로 대응하는 법을 살폈다. 북한의 핵개발로 인한 한반도 안보 정세에 대한 논의도 이 주제에서 다룬다. 한반도만큼이나 녹록지 않은 이스라엘과 시리아, 러시아와 그 인접국, 스페인과 카탈루냐 상황도 무대에 섰다.

이 밖에도 결코 한 나라의 문제가 아닌 범국가적인 자연재해와 재난을 소개했다. 특히 자국의 이익을 앞세워 파리기후변화협정과 유네스코를 탈퇴한 미국의 결정을 보면서 인류가 어떤 맥락에서 옳고 그름을 판단해야 할지 범국가적 고민이 한층 깊어졌다.

3) 사회 분열 극복의 필요성 대두

평등하게 제공받아야 하는 공공의료와 교육 그리고 다양성에 대한 존중을 토론한다. 돈보다 사람을 먼저하는 게 마땅한 도리이지만 자본주의 경제 시스템에서는 역설적으로 당장 돈이 안 되는 공공의료를 제공하기가 점점 더 어렵다. 여러 이해관계자의 협력을 구축하는 것이 어느 때보다 시급하다. 또한 국가 간 공공의료의 격차도 극복해야 할 문제다. 교육의 중요성에 대해서도 빼놓지 않았다.

교육은 모든 문제의 근원이자 해결책이다. 4차산업혁명이 요구하는 새로운 직업관은 무엇이며, 교육 시스템의 변혁과 평생학습을 통해 과연 장기적인 소득불평등을 해결할 수 있을지 살펴본다.

4) 기민한 정보기술 지배 체계 구축

가장 많은 세션을 편성한 주제이기도 하다. 2016년 다보스에서는 4차산업혁명을 주제로 삼았는데 이후 실제로 구현된 사례와 성공 케이스, 새롭게 떠오르는 신기술과 주목해야 할 과학 기술의 흐름을 소개하며 4차산업혁명의 핵심 동력으로 일컬어지는 기술 혁신의 중요성을 재확인하였다. 4차산업혁명으로 인해 파생되고 있는 윤리 문제를 포함한 여러 사회, 경제적 이슈에 대해 균형 잡힌 시각을 제공하기 위해 여러 전문가의 도움을 받았다.

모두 상당히 어려운 주제들이다. 무수한 이해관계자들과 전 지구 공동체가 촘촘하게 연결된 사회를 보며 어느 것 하나 쉬운 토픽이 없는 것을 깨닫게 된다. 위에 열거한 네 개의 서브 토픽들은 2018년 다보스 포럼의 기둥 역할을 한다. 여기서 가지를 치고 나온 주제별 세부 토픽들은 거기에 살을 붙인다. 그리고 여러 세션들을 관통하는 2018년 핵심 키워드는 전체 포럼의 흐름을 주제의 범주 안에서 머물 수 있도록 든든한 울타리 역할을 해준다.

여성, 신뢰, 인간 중심의 기술

내가 꼽은 2018년 다보스 포럼의 핵심 키워드는 여성, 신뢰, 인간 중심의 기술이다.

키워드 #1. 여성(WOMEN)

캐나다 총리 쥐스탱 트뤼도는 첫날 포럼 공식 행사의 마지막 세션에서 양성평등에 대한 연설을 진행했다. 그는 자녀를 양육하는 부모부터 남성, 여성의 이분법적 사고를 벗어나 함께 공동의 책임 의식을 가져야 한다고 강조했다. 그리고 더 이상 시간이 없다(Time's up)고 말하며 최근 소셜 네트워크에서 확산이 된 #MeToo 운동에 동참하는 뜻을 밝히며 말보다 행동의 중요성을 강조하였다. 캐나다 트뤼도 총리는 이번 포럼에서 여성들의 사랑을 한 몸에 받았는데 그의 준수한 외모와 영어/불어를 넘나들며 젠틀하지만 호소력 있게 전달하는 그의 연설은 남자인 내가 봐도 퍽 멋있었다. 그리고 패션 양말을 신은 멋진 젊은 총리는 일거수일투족이 연일 화제였다.

트뤼도 총리의 연설이 끝나고 무대 위에 오른 일곱 명의 여성 공동 의장은 컬러풀한 의상만큼이나 다양하고, 세계의 중심에 선 신여성 파워를 가감 없이 보여주었다. 앞서 말한 것처럼 제48회 다보스 포럼의 공동 의장단은 7명 모두 여성 리더들로 꾸려졌다. 첫날 공식 일정을 마무리하며 공동 의장단이 함께 모여 포럼의 취지와 담아내려고 했던 내용이 무엇인지, 또 남은 기간 동안 기대하는 바가 무엇인지 밝히는 시간을 가졌다. 전체 다보스 포럼의 주제를 관통하는 세션 중의 세션으로, 공공과 민간, 그리고 사회적 기업과 비영리 기관을 대변하는 쟁쟁한 여성 리더들이 한군데 모였다. 트뤼도 총리의 연설 이후 다소 지체되어 시작했으나 전체 포럼을 아우르는 따뜻한 분위기를 만들어 내며 서로의 기대감을 진솔하게 나누었다. 이렇게 상생하며 협력하는 모습 자체가 어떻게 보면 공유할 수 있는 미래를 위한 가장 좋은 시작점일 것이다.

7인 공동 의장단 중 가장 눈에 띄는 여성은 가운데 앉은 인도 만데시 재단 창립자 체트나 시나였다. 내가 2013년 선정되었던 '예일 월드 펠로우 프로그램(Yale World Fellows Program)'의 대선배이기도 하다. 예일 월드 펠로우는 대학 창립 3백 주년을 기념해 총장 직속으로 만든 프로그램인데 매년 수천 명이 지원하고 15–16명 내외로 선정한다. 체트나 시나는 이 프로그램이 만들어진 2002년 첫 펠로우 중 한 명으로 선정되었다. 2018년 다보스 포럼 공동 의장 7인 중 정중앙에 앉은 체트나 시나는 민간과 공공 부문의 가교로서 사회적 기업의 역할을 상징적으로 잘 보여주었다.

체트나 시나는 다보스 포럼 기간 중 다양한 커뮤니티에 속한 사람들과 교류하기 위해 많이 애썼다. 포럼 공식 개막 이틀 전에는 영 글로벌 리더와 글로벌 셰이퍼(Global Shapers)의 멤버, 다보스 포럼 창립자가 만든 슈밥 재단에서 선정한 '사회적 기업가'들의 모임에도 직접 얼굴을 드러내고 격려하였다. 여성의 사회 참여가 얼마나 큰 임팩트를 낼 수 있는지를 언제나 몸소 실천하는 모습으로 보여주었다. 체트나 시나는 여성의 용기가 가장 큰 자본이라고 힘주어 말했다. 여성은 여전히 많은 국가에서 사회적 약자이고 자기들의 목소리를 내기 어렵지만 그들의 용기는 어떤 자본보다 위대하며 마이크로 파이낸스 투자자는 그런 여성들의 기백을 믿고 적극 투자에 나서야 한다고 강조했다.

여성, 세계 무대의 중심에 서다

포럼 기간 중 열린 여러 공식, 비공식 행사에서도 여성이라는 키워드가 자주 등장하였다. 모로사니 호텔에서 열린 세계적인 인적자원 컨설팅 기업 머서의 여성 리더십 행사에는 각 분야에서 두각을 나타내는 여성 리더들이 대거 참석했다. 세션에서 나온 이야기를 빌자면 여성에게 적절한 트레이닝과 리더십 기회가 주어지면 남성보다 훨씬 더 뛰어난 능력을 발휘할 수 있는데 이 행사에 참석한 사람들이 바로 산증인이다. 모로사니 호텔에서 열린 이 조찬 모임에는 민간-공공 부문에서 리더십을 발휘하고 여성들이 대거 참여하였는데 예를 들어 세일즈포스 인사 총괄 임원(chief people officer)을 담당하고 있는 신디 로빈스, SAP 아태지역본부 대표로 있다가 최근 SAP 이사회 멤버가 되었고 차기 대표 이사 후보 물망에 오르고 있는 아데어 폭스-마틴 등 반가운 얼굴들을 많이 만날 수 있었다.

영화 제작자 하비 와인스틴의 성추문을 필두로 시작된 언론계와 정계 등으로 광범위하게 퍼진 권력을 매개로 한 성추문과 #MeToo 운동에 대한 이야기도 이번 다보스 포럼의 전면에 등장했다. 뉴욕 타임즈의 워싱턴 뷰로 총괄인 엘리자벳 버밀러의 진행하에, UC 버클리의 저명한 심리학 교수와 미국공익광고협회의 대표가 나와 권력 남용과 끊이지 않는 성추문, 여성의 리더십 확대, 사회적 인식 변화를 위한 충격 요법 등 다양한 의견을 나눴다. 스트롱맨의 시대에 접어들면서 과거 쉬쉬하던 여성들이 겪는 성 추문과 이로 인해 야기된 사회적 이슈가 역설적으로 좀 더 공론화되었고, 그것을 정면 돌파하려는 움직임이 다보스 포럼 곳곳에서 목격되었다.

키워드 #2. 신뢰(TRUST)

기술의 진보는 4차산업혁명을 이룩하는 데 필수불가결한 요소이다. 하지만 기술의 진보는 자칫 잘못하면 고삐 풀린 망아지처럼 위험천만하다. 이런 이유로 초대형 기술 기업들이 역설적으로 기술에 대한 규제의 필요성을 제기하기 시작했다.

세일즈포스 창업자 마크 베니오프와 우버 CEO 다라 코스로샤히(Dara Khosrowshahi)가 포럼 기간 중 관련하여 많은 의견을 냈다. 샌프란시스코의 스카이라인을 단숨에 바꿔버린 신축 초고층 건물의 새 주인인 세일즈포스는 건물만큼이나 CRM과 클라우드 솔루션의 신흥 강자로 우뚝 섰다. 세일즈포스를 창업한 CEO 마크 베니오프는 2미터에 달하는 키만큼이나 에너지가 넘치고 열정적이다. 포브스의 데이빗 카플란이 묘사한 것처럼 곰 같은 거구의 몸집과 여우 같은 영리함을 겸비한 사람이고, 실리콘밸리의 파워 인플루언서이다. 말도 많고 탈도 많은 우버의 신임 CEO 자리에 오른 다라 코스로샤히는 이번 다보스 첫 출정식에서 기대 이상의 활약을 했다. 특히 그동안 여론의 뭇매를 맞은 정보 보안과 사내 성희롱 이슈에 대해 우버는 고통스러운 변화를 감내하고 변화를 위한 긍정적인 시그널을 내보내고 있다고 말했다. 포럼 안팎에서 적극적으로 인터뷰에 임하는 그의 모습을 보면서 연내 우버의 기업공개(IPO)를 위한 사전 준비 작업을 펼치고 있다는 인상을 강하게 받았다.

다보스 포럼의 인사이더 중에 인사이더인 마크 베니오프는 고속 성장을 주도하는 실리콘밸리식 기업 문화의 중요성을 강조했다. 마크 베니오프는 성장과 신뢰 사이에서 갈등하

우리가 신뢰하는 기술, 과연 우리는 그 기술을 믿는가?

는 스타트업의 문화를 트럼프 정책 기조에 빗대어 꼬집기도 했다. 스타트업 문화에서 성장과 안정 둘 다 모두 중요하지만 공적 영역에서의 신뢰를 쌓는 것도 매우 중요하다는 것을 강조하였다. 그들과 함께 무대에 오른 구글의 지주회사, 알파벳의 CFO 루스 포랏, 세계 최대 미디어/광고 재벌인 WPP의 CEO 마틴 소렐은 상호 신뢰를 기반으로 한 기술 진보의 중요성을 강조했다.

다보스 포럼이 선정한 영 글로벌 리더 중 한 명이자 옥스포드대 경영대학원 겸임 교수인 레이첼 보츠만(Rachel Botsman)도 이번 포럼 기간 중 많은 주목을 받은 오피니언 리더이다. 레이첼 보츠만은 신뢰(trust)라는 토픽에 대해 정평이 나 있는 전문가인데 본인이 예전에 썼던 '알렉사와 함께 부모 노릇 하기'라는 제목으로 뉴욕타임스에 기고한 칼럼과 본인의 일화를 간략히 소개하며 관심을 모았다.

그에겐 어린 딸이 있는데 자기와 그다지 많은 대화를 나누지 않던 딸이 매일 아침 알렉사에게 인사하고 날씨를 묻거나, 어떤 옷을 입을지 묻는 것을 보고 가슴이 철렁 내려앉았다고 한다. 그 상황을 보면서 기술이 부모의 고유 영역을 빠르게 침범해 오는 걸 보며 상당한 위기감을 느낀다고 토로하였다. 포럼 참석 직전 외가에 새로 설치한 KT '기가지니' 인공지능 스피커와 대화를 나누며 신기해 하던 어린 딸 아이의 모습이 오버랩되었다. 기술과는 무관해 보이던 일상생활의 한 자락까지 파고든, 비록 아직 초보적인 단계이지만 지능적으로 말하는 기계를 보면서 도대체 부모 본연의 역할은 무엇이며, 인공지능이 도대체 어떤 영역까지 인간의 역할을 대체할 수 있을지 다시금 생각해 보게 되었다. 여전히 인간만이 가진 감성적이고 정서적인 부분은 기술이 대체할 수 없을 것이라고 애써 위로해 보지만 생각보다 기술의 진보가 빠르다.

기술의 진보가 주는 다양한 기회와 더불어 프라이버시, 가짜 뉴스, AI와 자동화로 인해 없어지는 일자리 등 다양한 이슈에 대해 이야기 나눴다. 미국의 공식 표어이자 헤비메탈 밴드 스트라이퍼의 동명의 히트곡 '주의 이름으로(In God we trust)'에서 모티프를 얻어 해당 세션을 '기술의 이름으로(In Technology we trust)'라고 이름 지었다. 예전 다보스 포럼에서는 기술에 대해 컨셉을 소개하고 기회 요인과 장밋빛 청사진을 보여 주는 데 주력했다면 이번 2018년 다보스 포럼에서는 기회 요인과 더불어 잠재적인 위기 요인을 균형감 있게 투사하려고 노력하였다. 기술 지상주의의 문제점과 디지털 경제가 가져다주는 사회, 경제적 파장에 대해서 의견을 나눴다.

키워드 #3. 인간 중심의 기술(HUMAN-CENTERED TECHNOLOGY)

다보스 포럼 창립자인 슈밥 교수는(포럼 커뮤니티 멤버들은 실제로 그를 이렇게 부르곤 한다) 나이 지긋한 외모에서 풍기는 지혜로운 현인의 이미지를 가지고 있다. 매년 50여 회 이상 세계 정상급 지도자와 다양한 분야의 전문가를 만나 협력을 구하고 있으니 그 열정과 스태미나가 정말 대단하다.

슈밥 교수는 이번 다보스 포럼의 참석자들에게 그의 신간 저서 《제4차산업혁명 더 넥스트》(원제: Shaping the Fourth Industrial Revolution)를 선물했다. 2016년에 출간한 《4차산업혁명》(The Fourth Industrial Revolution)에서 개념을 정립했다면 이번 신간에서는 실질적인 기술과 방법론에 초점을 맞추고 있다. 그의 저술 활동은 포럼의 큰 틀을 잡는 실질적 가이드라인을 제공한다. 책의 서두에는 기술의 진보가 우리에게 어떤

식전 행사로 열린 클라우스 슈밥 다보스 포럼 창립 회장과의 대화

영향을 끼치고 있는지 설명한다. 슈밥 교수는 책에서 아직 4차산업혁명의 초기 진입 단계에 있고 기술 진보는 우리가 컨트롤할 수 있는 영역에 있다고 설명한다. 그리고 더 나아가 아무리 좋은 기술도 인간을 떠나 존재하는 것은 의미가 없기 때문에 인간 중심 기술의 중요성을 강조하였다.

4차산업혁명 관련 기술의 진보가 인간의 역할을 대체하거나 도리어 인간을 지배할 것이라는 막연한 두려움이 있다. 슈밥 교수의 저서에서는 이것을 긍정적으로 조망하려 노력한 흔적이 보인다. 비록 장차 올 세대가 겪을 기술의 진보를 뛰어넘는 이야기일 수도 있지만 지금이야말로 기술을 다스리기 위한 노력이 어느 때보다 더 필요한 시점이다. 2018년 다보스 포럼 의제인 '균열된 세상 속에서 공유할 수 있는 미래 만들기'는 진일보한 기술을 다스려 한 단계 더 큰 도약을 이루는 것을 염두에 두고 있다. 태초에 불을 다스리고 다양한 기술을 섭렵하며 급격한 문명의 성장을 경험한 인류의 모습처럼 말이다.

2016년 다보스 포럼은 4차산업혁명이라는 주제로 크게 센세이션을 일으켰다. 이후 민간 주도로 기술 혁신에 속도를 내고 있으며 상대적으로 변화 속도가 느린 정부나 일부 초대형 기업들은 창업 기업가와 혁신가들이 만들어 내는 새로운 도전을 직면하고 있다. 일부 매체에서도 그런 노력에 많은 관심을 기울이고 있는데 가끔은 다소 과열되는 양상을 보일 때도 있다. 실제 혁신 영역은 고삐 풀린 말처럼 통제 불능이어서 부득이 적절한 규제나 정부 개입이 필요할 때도 있다.

예를 들어 한국에서 큰 화제가 되었고 적잖은 사회문제까지 야기했던 가상화폐 문제는 마냥 방치할 수도 없고, 그렇다고 마냥 규제만 할 수도 없는 딜레마에 빠졌다. 너무 과열되면 혁신에 대한 투자가 투기로 치부될 수도 있다. 홍보나 마케팅에 대한 노력이 너무 앞서나가면 회사의 실체는 없는데 회사의 가치가 천정부지가 되고, 그게 마치 성공인양 포장되는 경우도 있다. 이런 뉴스를 쏟아내는 매체들에 대해서도 좀 더 냉

철하게 바라볼 필요가 있다. 물론 시장이 기대하는 것보다 혁신의 속도나 투자 가치 상승 속도가 빠르면 단연코 대박 날 조짐이다. 하지만 본질과는 무관하게 과대 포장된 경우 급격히 시장의 열기가 식으면 앞만 보고 환상을 좇던 사람들이 씁쓸하게 시장에서 걸어 나오게 되는 법이다.

가짜 뉴스가 난무하는 세상에서 정치나 사회 각 분야에서도 매일 뉴스의 진위를 따지고 진실 혹은 거짓 공방이 심심찮게 일어나고 있다. 매체가 다분화되었고 정론이라는 게 무색해진 시대에 살면서 대중 독자들은 너무 쉽게 믿어 버리는 경향이 있다. 정보통신 기술의 진보로 더 많은 사람들이 쉽게 접근할 수 있는 플랫폼이 생기면 모든 상황이 좀 더 객관적이고 중립적인 것처럼 보일 것이라고 착각할 수도 있다. 하지만 반드시 그런 것만은 아니다. 다보스 포럼에서 통제할 수 있는 기술, 인간 중심의 기술 진보를 강조하는 것도 이와 비슷한 맥락이다.

분열을 뛰어넘는 새로운 아이디어는 어디에 있는가

다보스 포럼의 공식 일정은 총 4일이다. 공식 일정 400개 외에도 미디어나 기업, 그리고 비영리기관에서 주최하는 비공식 행사까지 감안하면 훨씬 더 많은 일정들이 있다. 그래서 사전에 면밀하게 스케줄을 짜야 한다. 나도 아침부터 저녁까지

홀로그램을 이용한 홀로코스트 생존자의 증언을 상영 중인 부스

일정을 빼곡하게 적은 수첩이 아주 너덜너덜해질 지경이었으니까 말이다.

단연코 나의 눈길이 가장 먼저 가는 것은 기업가 정신(entrepreneurship), 정확히는 창업 기업가 정신에 관련한 세션이었다. 관념적이거나 뜬구름 잡는 이야기보다 창업 기업가가 직접 기술의 변화와 시장 전망, 실제 실행 사례를 소개하는 세션들이 무척 유익하게 느껴진다. 추상적인 내용이 아니라 훨씬 더 실제적인 이야기들이 필요하다.

인류가 당면한 문제를 해결하는 데 필요한 기술적인 방법론이나 스탠포드, MIT 등 세계 유수의 연구 중심 대학에서 한창 개발 중인 내용들 중에 4차산업혁명과도 직접적인 연관성이 높은 분야는 늘 흥미로운 소재 거리이다. 인류의 보편적 삶의 질을 높이는 머지않은 장래에 실현될 일들이 훨씬 더 현실적이다.

예를 들어 올해는 빅 데이터 기반의 데이터를 알기 쉽게 접근할 수 있는 인포그래픽, 인공지능(AI) 관련 토픽이 전면부에 등장했고 AR(augmented reality, 증강현실)과 VR(virtual reality, 가상현실)을 뛰어넘어 MR(mixed reality, 혼합현실)도 특별 부스를 마련하였다. MR은 증강현실과 가상현실의 장점을 잘 버무려 놓았는데 새로운 경험과 가치를 제공한다. 홀로그램과 MR 기술을 접목해 홀로코스트 생존자의 인터뷰를 생생하게 체험하는 부스가 있었다. 또한 오스카 노미네이션에 빛나는 제로 데이즈 VR 영화 관람이 제공되었다. 다보스 포럼에서는 혁신적인 아이디어들과 새로운 기술의 진보를 조금 더 우리가 익숙한 콘텐츠와 접목하여 직접 체험해 볼 수 있도록 많은 장치를 마련하고 있다.

가장 사람들의 왕래가 많은 콩그레스홀 앞에는 사이언스 허브(science hub) 그리고 커뮤니티 라운지 옆에는 아고라(agora)라는 세션이 열린다. 포럼 참석자들이 혁신 기술 관련 토픽에 좀 더 쉽게 노출될 수 있도록 돕는다. 오고 가면서 발표자들이 화면에 띄워 놓은 내용들을 곁눈질로 볼 수도 있고 또 좌석에 여유가 있으면 언제든 들어가 물어보고 토의할 수 있는 개방형 공간이다. 동선 하나하나 허투루 만든 게 없다.

미래의 교육과 일자리에 관해서는 재교육(re-skilling)과 심화교육(up-skilling)에 대해 자세히 다뤘다. 플랫폼 워크포스(platform workforce)와 더불어 기업과 정부에서 활발하게 논의되고 있는 어젠다로 먼발치에 있는 일보다 훨씬 더 와닿는 이야기이다. 소득의 불균형이 심화되고 있는 현 경제 상황에서 기술 진보로 인한 또 다른 불평등이 야기될 수 있다. 그리고 우리가 현재 누리고 있는 대다수의 직업이 AI 등 기술의 진보로 인해 사라질 것이라는 암울한 전망 때문에 정책 입안자나 기업인들 모두에게 상당히 중요한 화두이다.

기술이 가져오는 당면한 여러 문제들 외에도 좀 더 장기적인 사회적인 이슈에 대해서도 다보스 포럼은 균형잡힌 시각을 보여준다. 당면한 인류 보편적인 문제에 대해 세계적인 권위자들이 모여 현재 인류가 처한 상황을 조망해 보고 잠재적인 해결책을 모색한다. 주요 현안에 대해 국가별 혹은 지역별, 혹은 기능별로 좀 더 깊숙이 파고들어 자세히 다루는 시간도 있다. 이런 이슈들은 보통 정답지가 없고 다양한 형태로 의견이 갈릴 수도 있다. 그래서 좀 더 새로운 형태로 공론화시키는 노력이 필요하다.

포탈(Portals)이라는 명칭의 상설 전시 행사가 다보스 포럼 기간 내내 열리는데 역사적 사실, 기술적 진보나 사회적 이슈

난민 체험 롤플레이. 실제 난민 출신이 사실감 있게 꾸몄다 © David Mcintyre

에 대한 공감대를 얻기 위한 전시물이다. 일례로 이번 다보스 포럼에서는 난민이 겪는 참상을 간접적으로나마 체험할 수 있는 공간을 마련해 놓았는데 난민이 실제 생활하는 척박한 주거 환경을 유사하게 복원해 놓고 난민 출신 연기자들이 사실적인 연출과 연기로 포럼 참석자들에게 뉴스에서만 보던 전쟁 난민의 고달픈 삶을 조금이라도 느껴볼 수 있게 하였다. 다소 작위적인 발상처럼 보일 수도 있었지만 스크린 건너 먼 나라 이야기라고 생각하던 사람들에게 조금이나마 난민 문제에 대해 귀를 기울이고 관심을 가질 것을 호소하는 다보스 포럼의 영리한 메시지 전달 방식을 볼 수 있다.

세션 진행 방식별 분류

포럼 참석자들이 좀 더 쉽게 포럼 일정을 짤 수 있도록 세션 진행 형태별로도 분류표를 제공한다. 대부분 해당 세션들끼리 중복되지 않도록 포럼 스케줄이 나와 있어서 개인이 선호하는 진행 방식이나 포맷을 중심으로 일정을 짜도 상당히 알찬 다보스 포럼을 경험할 수 있다.

전략적 전망(Strategic Outlook)

포럼이 열리는 시기가 보통 새해 벽두인 1-2월이다 보니 새해 전망을 논하는 자리가 많다. 해당 코너에서는 전문가 패널과 연사가 여러 분야의 새해 전망에 대해 이야기하는 것으로, 포럼의 첫날과 둘째 날 일정을 촘촘하게 채운다.

무엇이든 물어보세요(Ask About)

최근 뜨겁게 떠오르는 분야가 궁금하다면 이 코너의 세션을 확인하면 된다. 30분-1시간가량의 짧은 시간이지만 해당 분야의 최고 권위자가 주제에 대해 알기 쉽게 설명하며 난해한 질문에도 거침없는 답변을 해준다.

아이디어랩(IdeasLab)

다보스 포럼이 다른 포럼과 다른 점은 토론이 매우 활발하다

브레인스토밍의 격전지, 아이디어랩 ©WEF

는 것이다. 이런 곳에서 경청만 고집하는 태도는 옳지 않다. 일단 자리에 앉으면 적극적으로 토론에 뛰어들어야 한다. '아이디어랩' 코너 세션의 경우 세계 유수 대학의 뛰어난 교수가 주제별로 화두를 던지면, 참가자는 함께 해결책이나 새로운 대안을 모색한다. 짧은 시간이지만, '제한된 시간이' 의외로 생산적 협의를 끌어내는 데 큰 도움이 된다.

마스터웍스(Masterworks)

이 코너는 문화예술계 인사가 그들만의 창작으로 리더십 관련 토픽을 풀어낸다. 목공예가, 도예가, 역사학자, 주얼리 디자이너 등 이색적 배경을 가진 인사가 말랑말랑한 콘텐츠로 세션을 꾸린다. 다보스 포럼과는 결이 다른 사람들을 많이 만날 수 있어 상당히 이채롭다.

충격적인 미래(Future Shocks)

당장 예상하기 어려운 잠재적 리스크에 대해 해당 분야 권위자가 본인들의 전망을 이야기하는 자리도 있다. 만약이란 가정하에 주제를 풀어내지만 어떤 것들은 상당히 설득력 있게 들린다. 그래서 어떤 위기가 현실화될 경우 그 이야기를 처음 낸 사람의 예지력이 높게 평가받고 다보스 포럼이 진앙지로 주목받는 경우도 종종 있다.

다보스 포럼 프로그램 운영 철학은 교감에서 영감으로(from interaction to inspiration)이다. 앞서 열거한 여러 코너들은 포럼 설계자가 청중이 여러 주제에 대해 집합적으로 공감하고 체험할 수 있도록 돕는 여러 장치들 중에 하나이다. 생각하고, 토의하고, 새로운 자극점을 찾아 실행에 옮길 수 있도록 돕는다. 각각의 포럼 세션보다 어찌 보면 더 중요한 콘텐츠는 포럼을 구성하는 각각의 사람들, 즉, 개개인이 들고 오는 다양한 이야깃거리들인데, 그 속에서 실질적인 해답보다는 해법을 찾아나가는 방식이 매우 흥미롭다. 자세히 귀 기울이며 각자의 관점에서 왜 그런 이야기를 하게 됐을까 곰곰이 되짚어 보는 과정에서 많은 것을 배운다. 왜냐하면 새로운 내러티브를 통해 참여한 다양한 구성원들의 의견을 수면 위로 끌어올려 토의하고 이를 바탕으로 행동지향적인 솔루션을 함께 도출한다는 데 그 목적을 두고 있기 때문이다.

다보스 포럼의 전통: 공동선언문 같은 결론은 없다

2018년 다보스 포럼에서 내리고자 한 결론은 무엇일까? 2018년도 다보스 포럼의 마지막 세션은 전체 주제와 같은 타이틀과 유사한 '공유할 수 있는 미래에 대한 비전'이었다. 일종의 공동 성명이나 선언적인 이야기들을 기대했는데 흥미롭게도 이 세션의 무대에 선 이들은 다보스 페스티벌 합창단과 진보적인 문화예술계 인사들이었다.

기대와 다르게 공동선언문 같은 정답지는 없었다. 마지막 세션에 이들을 앞세운 의도는 대략 짐작할 수 있었지만 결론은 미묘하고 감지하기 어려웠다. 내년에 또 봅시다(see you next year)라는 인사말만 있을 뿐이다. 꼭 어릴 때 보던 TV 주말 외화였던 X파일에서 봤던 장면처럼 결론은 시청자들이 알아서 상상하도록 마무리했다. 정답지보다는 많은 사람들에게 영감을 줄 수 있는 미묘한 방식으로 포럼을 마무리 지으려고 했던 것처럼 보인다. 아티스트들이 본인들의 창작 활동을 통

클로징 세션을 진행한 다보스 페스티벌 실내 합창단 © WEF

해 사회적 임팩트를 만들었던 경험과 그들의 장기적인 소명을 이야기 하는 것으로 포럼 마지막 세션을 꾸렸다. 내 버전의 결론을 내려보면 다음과 같다. 미래는 합창의 하모니처럼 어차피 우리 모두가 조화롭게 함께 만들어 나가는 것이고, 음악이나 예술처럼 인류 구성원 모두에게 보편적인 아름다움을 선사하는 그 무엇인가가 공유할 수 있는 미래를 만들어 가는 초석이다라고 주장하는 것 같다. 이번 다보스 포럼은 적어도 이런 메시지를 담으려 했던 것 같다.

다보스 포럼을 통해 참가자 개개인이 어떤 형태로든 새로운 아이디어와 영감을 얻어 가길 바라고 현실로 돌아가 공유할 수 있는 미래를 위해 작은 발걸음이라도 옮길 것을 주문하는 다보스 포럼의 숨은 의도가 담겨 있다. 포럼 기간 동안 다보스 포럼은 이미 참석자들에게 많은 생각할 거리를 던져 주었지만 정답은 주지 않았다. 마치 인생에 정답이 없는 것처럼 말이다. 이런 공연 연출을 통해 참석자들에게 직접적인 행동의 변화를 요구할 수는 없겠지만 보편적인 공동선, 혹은 예술로 승화된 심미적인 아름다움을 통해 간접적으로나마 영향을 미치려 했던 게 아닐까?

기업이 다보스에서 존재감을 드러내는 방법

기업은 다보스 포럼 참석 자체가 세일즈이고 마케팅이다. 다보스 포럼은 다른 미디어, 포럼 행사와 다르게 후원 기업이 전면에 나서지 않는다. 행사장에는 그 흔한 후원 기업 배너도 없다. 작은 기념품을 나누어주는 것조차 철저히 막는다. 모든 주요 이벤트도 다보스 포럼 행사장에서 시작해 그 안에서 최대한 끝날 수 있도록 한다. 마치 스위스가 정치적 중립성을 표방해 온 것처럼 다보스 포럼도 사업적 이해관계를 떠나 중립을 고수하려고 한다. 참석자가 후원하는 금액에 따른 특별 대우도 없고 차별도 없다. 그래서 기업은 참석자 명단에, 즉, 세계 유수의 리더들과 동일 선상에 이름을 올려놓는 것 자체가 세일즈이고 마케팅이다.

기업 파트너는 최소 5억 원이 넘는 파트너 패키지를 구입해야 한다. 자리가 한정되어 있어 패키지를 사고 싶다고 다 살 수 있는 것도 아니다. 기업이 포럼의 주제에 좀 더 영향력을 끼치고 싶다면 금전적인 후원을 넘어 기업의 리더가 세션 연사나 토론자로 참여하는 것이 제일 바람직하다. 포럼 행사장에서 사람을 만나고 폭넓은 관계를 형성하는 것도 좋으나 조찬, 디너 행사를 호스트하거나 아니면 별도로 약속하여 만나는 1:1 미팅을 통해 관계를 다지는 게 효과적이다.

다보스 포럼이 열리는 동안 다보스 시내는 거대한 컨벤션센터로 변한다. 컵케이크 가게가 근사한 기업 라운지로 탈바꿈하기도 하고, 임시 건물을 짓는 경우도 있다. 월스트리트저널이나 톰슨 로이터 같은 대형 미디어 기업은 임시 방송 촬영 스튜디오를 만들어 실시간으로 전 세계에 뉴스를 타전한다. 기업은 메인 행사가 열리는 콩그레스센터에서 가장 가까운 곳을 차지하기 위해 치열한 경쟁을 벌인다. 2018년에는 IT 관련 기업들이 메인 행사 장소인 콩그레스센터를 완전히 포위했다.

예를 들어 정부를 대상으로 빅 데이터 비즈니스를 하는 팰런티어(Palantir)는 콩그레스센터 바로 앞 제일 좋은 입지의 건물 두 개를 통으로 빌려 회사 홍보에 열을 올렸다. 팰런티어는 페이팔 창업 멤버인 조 론스데일(Joe Lonsdale)이 창업한 회사

다보스의 프라임 스팟에 라운지를 꾸린 팰런티어

이고 일반인들에게는 많이 알려져 있지 않지만 유니콘(시장에서 1조 원 이상의 가치를 부여받은 블록버스터 비상장 벤처 기업)의 대표 주자이다. 팰런티어의 규모에 구글과 페이스북 라운지가 초라해 보일 정도다. 마이크로소프트와 ERP 비즈니스 솔루션 전문 기업 SAP는 다른 실리콘밸리 기업에 비해 매우 점잖은 형태의 라운지를 운영했다.

또 다른 기업 홍보의 예를 들면 CRM 솔루션 전문 기업인 세일즈포스(Salesforce.com)이다. 세일즈포스는 포럼에서 전방위적으로 홍보를 펼치는 기업으로 유명하다. 다보스 포럼의 숨은 강자, 세일즈포스는 라운지를 마련하는 것 외에도 다보스 포럼 전야제에 인터컨티넨탈 호텔에서 힙합 뮤지션 will.i.am과 함께 근사한 오프닝 파티를 열었다. will.i.am은 블랙아이드피스(Black Eyed Peas)의 멤버이자 아이엠플러스(i.am+)의 창립 대표이다. will.i.am은 MCM과 함께 Ekocycle 프로젝트를 했을 정도로 매우 가까운 사이이다. will.i.am은 오프닝 파티 외에도 스타트업 관련 세션의 연사로 나섰고 스타트업이 사회문제 해결을 위해 지역 커뮤니티와 긴밀히 협력할 것과 금전적인 기부에서 경험을 나누는 것으로 옮겨 갈 것을 주문한 매우 의식 있는 힙합 뮤지션이다.

이날 파티는 당일 많은 눈이 왔고 메인 행사장에서 걸어갈 수 있는 거리가 아님에도 많은 사람들이 반드시 가야 하는 행사로 추천한 곳이다. 세일즈포스 창업자 마크 베니오프(Marc Benioff)는 풋볼 선수 출신으로 거침없는 언변을 자랑하는 인물로 다보스 포럼 내내 어딜 가도 눈에 띄는 인물이다. 다보스 포럼 이사회 멤버 중 한 명인 베니오프는 세계경제포럼의 진정한 인사이더이다. 언제나 열정이 넘치는 베니오프 사장은 중립적인 이미지를 강조하는 다보스 포럼에서 기업이 어떻게 본인들의 색깔을 잘 드러낼 수 있는지 보여주는 좋은 예이다. 참고로 국내 기업으로는 SK, KT, 대성그룹 등 다수의 기업이 공식 참가했으나 콩그레스센터 근처 건물을 통으로 빌려 미팅 공간으로 활용한 한화가 유일하게 눈에 띄는 정도였다.

다보스 기간 동안 비공식적으로 다보스를 방문한다면, 벨베데레(Belvedere) 호텔 행사 일정만 잘 쫓아다녀도 유익한 만남을 많이 가질 수 있다. 벨베데레 호텔은 아침부터 저녁까지 크고 작은 행사가 끊이지 않는 곳이다. 다보스 포럼의 대표적인 만남의 장소이다. 약 30여 개의 기업이 이곳에서 라운지와 미팅 공간을 꾸며 놓고 손님을 맞는다. 나 역시 콩그레스센터 다음으로 가장 많은 시간을 보낸 곳이 이 호텔이다. 콩그레스센터 바로 옆에 있는 힐튼가든인이나 콩그레스호텔에서도 많은 행사가 열리나 공식 다보스 포럼 참석자가 아니면 입장이 어려워 벨베데레 호텔처럼 호텔 배지만 갖고 있는 사람, 즉, 비공식적으로 포럼 부대 행사를 위해 다보스를 찾은 사람들로 늘 붐빈다. 접근성도 나쁘지 않고 마치 외부 세계와 닿는 유일한 통로 같은 곳이다. 나도 오고 가며 알게 된 분들, 동료 영 글로벌 리더들을 가장 많이 마주친 곳이다. 만일 다보스 기간 중 비공식적으로라도 인근 지역을 들를 계획이 있다면 벨베데레 호텔 행사 일정만 잘 쫓아다녀도 상당히 많은 유익한 만남을 가질 수 있을 것이다.

파이낸셜 타임스, 블룸버그와 같은 미디어 기업과 맥킨지, 베인, BCG 등의 컨설팅 기업 그리고 크레디트 스위스, UBS, EY 같은 금융, 회계 자문 기업이 다보스 포럼의 단골 손님이다. 의외로 다국적 로펌은 찾아보기 힘들다. 미디어 기업은 다른 기업 또는 대학과 짝을 지어 행사를 여는 경우가 많다. 다보스 포럼이라는 거대한 미디어 플랫폼 위에서 매체 특징이나 편집 방향을 잘 살려 콘텐츠를 올린다. 예를 들면 자연과학 전문잡지 네이처는 예일대와 공동으로 '2018년 환경 능력 평가 인덱스'를 세계 최초로 공개했다. 네이처가 가진 매체력과 예일대의 연구 능력과 평판을 잘 조합한 바람직한 예이다. 워낙 경쟁이 치열해 콘텐츠와 평판 혹은 이미 확보하고 있는 VIP 손님 풀을 잘 조합해 행사를 치르면 훨씬 더 좋은 결과가 나온다. 다보스 포럼에서 쇼케이스를 진행하려는 회사는 일단 좋은 파트너사를 찾아 적극 협력하고자 한다면 행사의 양과 질적인 면 모두 더 좋은 결과가 나올 가능성이 높아질 것이다. 좋은 행사 공간과 양질의 식음료가 있고 무엇보다 유력한 VIP 게스트들과 콘텐츠가 있는 행사는 언제나 사람들이 차고 넘친다.

사람들의 왕래가 가장 많은 콩그레스센터 주변 길, 프롬나드(promenade)는 다보스 플라츠 역 근처에서 다보스 돌프 역까지 약 3km 남짓한 길이다. 콩그레스센터 주변으로 가면 갈수록 기업 라운지가 밀집해 있고 당연히 임대료도 매우 높다. 컨슈머 기업이나 공공복지를 위한 NGO, 사회적 기업의 라운지는 자본 논리상 외곽으로 대부분 밀려나 있다. IT 서비스 기업과 테크 기업들이 올해는 콩그레스센터를 완전 포위했다. 브랜드를 노출시키고 인지도를 높여 추후 사업 관계로 연결하거나 신뢰감을 극대화하기 위해서는 콩그레스센터 주변을

크레디트 스위스(Credit Suisse)가 후원하는 여성 임팩트 디너 (2017년) © David Biedert

선점하기 위해 치열하게 경쟁해야 한다. 그러기 위해서는 수년간 공을 들여야 하고 또 많은 비용이 들어간다.

이렇게 가장 핵심 요지에는 대 정부 상대 비즈니스를 펼치는 인포시스, 액센추어 등 정보통신 서비스 기업들의 라운지가 가장 눈에 많이 띈다. UBS, 크레디트 스위스 대형 투자 은행도 별도 라운지를 마련해 크고 작은 기업 행사를 진행한다. 월스트리트 저널이나 톰슨 로이터 등 미디어 기업은 임시 방송 촬영 스튜디오 유명 인사를 초청해 눈 덮인 다보스 설경을 배경으로 인터뷰를 진행한다. 우크라이나, 인도네시아, 아르헨티나 등 국가별 라운지를 마련해 1주일 내내 손님을 맞는데 단순 나라 홍보뿐만 아니라 좋은 콘텐츠와 연사들을 꾸려

방문하는 손님들에게 지속적으로 좋은 경험을 제공한다. 이런 라운지 공간은 입장이 대부분 무료이고 늘 먹을 것이 있으며 초대 여부와 상관없이 매우 접근성이 좋아 공식 다보스 포럼 참석자가 아니더라도 편안히 시간을 보낼 수 있어 수행원들이 자주 찾는다.

기업이 여는 주변 행사는 주요 VIP 고객을 모시기 위해 경쟁이 치열하다. 차별적인 손님을 모시기 위해서는 차별적인 콘텐츠가 있어야 한다. 최고급 와인과 캐비아(caviar)를 동원한 고급 연회를 열어도 다른 주변 행사에 손님을 뺏기기 일쑤다. 좋은 장소와 맛있는 음식, 무엇보다 VIP 게스트와 좋은 콘텐츠가 있는 행사는 언제나 사람들이 차고 넘친다. 우리나라 기업도 참고했으면 하는 점이다. 단순히 자본주의의 힘이라고 치부하기에는 상당히 밀도 있게 행사 내용을 챙기는 세계 유수의 기업들의 모습을 보면서 많이 배운다. 그것도 매년 꾸준히 행사를 기획하고 진행하여 좋은 평판을 얻고 있는 기업들의 행사는 다보스 포럼을 좀 더 풍성하게 경험할 수 있게 해준다.

2장 다보스 포럼이 주목한 세계 주요 이슈

이 장에서는 2018년 다보스 포럼에서 인상 깊게 들은 세션을 중심으로 세계 주요 현안에 대해 정리해 보았다. 세계 주요 이슈 관련 세션은 포럼 첫날에 진행되었는데 주제에 따라 다른 날 세션에서 추가적인 논의가 이루어졌다. 개인적으로 눈여겨 본 토픽은 다음과 같다.

분쟁이 격화되는 국가들

2018년 다보스 포럼 기간 중에만 해도 북미 간 상황이 일촉즉발인 상황이었고 지정학적 위기가 상당히 고조되어 있었다. 더더구나 이례적으로 트럼프 대통령이 참석한 다보스 포럼에서 북한에 대해 어떤 도발적인 언급을 낼지 도무지 예측할 수가 없어 대한민국 정부 관계자들과 언론들은 전전긍긍했을 것이다. 남중국해 상황도 만만치 않고 시리아 내전과 미국 대사관의 예루살렘 이전으로 촉발된 중동 지역의 갈등도 심상치 않았다.

글로벌 시장 전망

미국은 유례없는 호황을 누리고 있지만 남미의 급격한 경제 사정 악화와 미국 – 중국 간 무역 마찰은 2018년 세계 경제 전망을 어둡게 만들고 있다. 경제 악재가 도사리고 있는 틈바구니 속에서 10년 주기로 찾아온다는 재앙적인 세계 금융 위기가 회색 코뿔소처럼 우리 곁을 찾아오고 있는지 전문가들의 의견을 들어 보았다.

디지털 경제의 미래

디지털 트랜스포메이션은 전 세계 지역, 산업을 불문하고 큰 화두이다. 기술의 진보가 가져올 무한한 가능성과 더불어 인간의 노동을 대체할 여러 기술들의 등장으로 인해 인간답게 살기 위한 가장 기본적인 경제활동조차 박탈당할 위기에 처한 여러 우려를 동일 선상에 올려놓고 살펴보았다. 또한 디지털 국경의 경계는 어디까지인지 살펴보고 정보 자산의 소유권과 보안과 사생활 보호를 위해 강화된 규제의 필요성을 점쳐본다.

중국의 영향력 확대

작년 시진핑 중국 국가 주석의 다보스 포럼 연설에서 밝힌 바대로 '일대일로'로 통칭 되는 거대한 중국 중심의 경제 공동체 건설을 위한 발빠른 행보가 연일 뉴스를 장식하고 있다. 시진핑 집권 2기에 들어서면서 강화되는 정책 기조와 금융과 문화를 통한 지역 패권 장악을 위해 중국이 어떤 전략을 실행에 옮기고 있는지 살펴보았다. 특히 떠오르는 신흥 강자와 이를 이끌고 있는 인물들을 살펴보았다.

디지털 시대의 평판 관리, 블록체인, 그리고 기타 세션들

전통 매체의 쇠락과 다변화된 디지털 매체의 도래로 인해 선거철이 되면 연일 거짓 뉴스가 판을 치고 있다. 우리는 굉장히 오랫동안 그 흔적을 지우기 어려운 디지털 평판 위기의 시대에 살고 있다. 지극히 개인적인 관심사이긴 하지만 어떤 위험 요인보다 큰 평판 위험을 디지털 시대에는 어떻게 관리해야 하는가 다보스 포럼의 핵심 세션과 주변 행사를 통해 살펴보았다.

분쟁이 격화되는 국가들

지정학적 전략 전망(The Geostrategic Outlook)

상당히 무거운 주제를 첫날부터 다뤘다. 세계 안보 이슈에 대한 전망을 논하는 자리였는데 균열된 세계의 가장 큰 원인이 바로 이 지정학적 위기이므로 무엇보다 먼저 다뤘어야 했을 것이다. 첫날 공식 일정 중에서도 제일 앞부분에 이 세션이 편성된 것에 대해 모두 이견이 없어 보였다. 기술의 진보나 번영도 온전히 평화가 보장될 때나 누릴 수 있는 법이다.

안보 전략 관련 싱크탱크(think tank) 대표들이 대거 패널로 참여한 가운데 한반도의 지정학적 위기가 가장 첫 어젠다로 도마에 올랐다. 더불어 도널드 트럼프 미국 대통령이 예루살렘을 이스라엘의 수도로 공식 인정하면서 분쟁의 골이 깊어진 중동과, 남중국해 분쟁에 대해서도 다뤘다.

진행자

로빈 니블렛(Robin Niblett) 영국 채텀하우스(Chatham House) 디렉터

패널

이근(Lee Geun), 서울대학교 정치외교학과 교수

사미르 사란(Samir Saran), 인도 옵저버연구재단 부회장

유진 로건(Eugene Rogan), 옥스포드 대학교 현대 중동사 교수

제인 하먼(Jane Harman), 미국 우드로 윌슨센터 원장

로빈 니블렛은 한국 문제부터 다뤘다. 한국이 처한 상황에 대한 질문에 이근 교수는 북한이 핵개발을 완료했다는 중요한 메시지를 던진 것을 상기시켰다. 대북압박을 가한 이후의 상황이 매우 중요한데 북한은 여전히 무기를 가지고 있고 미국은 군사 훈련을 계속할 것이고. 그러나 한국은 딱히 카드가 없는 점을 지적하였다. 따라서 미국과 북한 사이의 커뮤니케이션이 원활하지 않다면, 불안한 상황이 이어질 것이다라는 전망을 내놓았다. 또한 한국이 북한에 대응하는 것도 중요하지만 한미동맹이라는 외교 채널을 챙기는 것 또한 중요하다고 강조하였다. 따라서 미국과 북한이 서로 잘 소통할 수 있는 채널을 열어주는 것이 핵심이 될 것이다. 이근 교수는 상호억제(mutual deterrence)의 상황 속에 있는 것을 옹호하는 입장이었는데 그것은 북한이 한반도에서 전쟁을 일으켜 이길 승산이 0%이기 때문에 지난 50년 동안 그래 왔던 것처럼 매우 절제된 상황 속에 있을 것이라는 논지였다. 조금 더 도발적인 질문은 미군 주둔에 관한 것이었다. 질문의 요지는 중국이 미국이 한반도에 계속 남아 있는 것을 동의할 것 같냐는 질문이었다. 이에 대해 이근 교수는 북한의 비핵화를 위한 6자회담 혹은 다자회담이 열리고 안정적인 안보 상황을 유지할 수 있다면 중국도 당분간은 크게 문제 삼지 않을 것이라는 의견을 밝혔다.

중국과 인도의 갈등 격화

로빈 니블렛은 최근 불거진 새로운 갈등의 국면을 살펴보겠다는 취지로 2017년 말 중국과 인도의 갈등을 예로 들었다. 두 나라의 국경에 있는 지역들, 특히, 중국, 인도, 부탄의 국경이 만나는 도클람(Doklam)에 중국이 도로를 건설하면서 인도와 충돌한 것을 예로 들었다. 비슷한 이유로 더 위험한 형국이 펼쳐질 것인지 물었다. 이에 대해 사미르 사란 부회장은 이게 그다지 새로운 갈등은 아니나 분명 달라진 점이 있다고 강조하였다. 중국은 인도가 영토를 침략한 것에 대응한다고 했지만 인도는 중국이 부탄을 침범하는 것을 막는 입장이었다. 특히 그가 강조한 시사점은 바로 '최근 중국에 저항한 제3국이 있는가?'라는 질문이었다. 이번 사건으로 중국이 부탄에서 건설을 멈추었다. 하지만 중국은 계속 인도를 시험할 것으로 예상하였다. 또 중국은 국경 문제 등으로 존재감을 드러냄으로써 아시아에서 정치 서열을 정하는 데 투자를 지속할 것으로 내다봤다. 결국 패권 다툼인 것이다. 중국과의 관계를 어떻게 가져가야 하는가라는 질문에 대해서는 사미르 사란 부회장은 중국으로부터 대규모 투자를 받지 않는 이상 인도가 향후 20년 안에 10조 달러(약 1경 원)의 경제 규모를 이룰 수 있을 것이라 생각하지 않는다고 밝혔다. 중국과 인도는 분명 함께 협력해야 할 영역이 있다고 강조하였다.

중동 지역의 갈등

로빈 니블렛은 중동 지역으로 질문을 선회했다. 첫 질문은 이란과 사우디아라비아의 냉전이 지속될 것이라고 예상하는가였다. 유진 로건 교수는 전략적으로나 인구수로나 사우디아라비아는 이란을 공격하지 못할 것으로 내다봤다. 대신 대리전(proxy war) 형태로 이란을 공격할 것으로 예측했다. 그리고 국제 사회가 두 나라를 중재할 때까지 지속될 것으로 내다봤다. 이집트 상황에 대한 질문은 새로운 대통령의 리더십 아래 안정되는가에 관한 것이었는데 유진 로건 교수는 지켜봐야 한다고 답했다. 그는 이집트가 중동 분쟁의 프라임 호스트(prime host)가 될 위험이 크다고 봤는데 왜냐하면 사람들은 혁명에 지쳤고 이집트 무슬림 형제단의 정복 때문에 겁에 질려 있기 때문이다. 사람들은 시시 대통령이 합의점을 찾아 줄 것을 기대한다고 그의 의견을 피력했다.

참고로 포럼 3일 차인 1월 25일인 '라스트맨 인 알레포' 특별 시사회를 진행했다. 시리아 민간 구조대에 관한 실화를 바탕으로 만들어진 다큐멘터리 필름이다. 영화 감독과 내셔널지오그래픽 편집장이 영화에 대한 배경 이야기를 나눴다. 현재 진행형인 중동의 위기를 잘 보여준 작품이다.

로빈 니블렛은 미국이 이런 갈등 상황을 조장한다고 지적했다. 이런 상황이 미국의 잘못이라고 생각하는지 물었다. 이에 대해 제인 하먼 우드로 윌슨 센터 원장은 세계는 양극화(bipolar world)에서 다극화(multipolar world) 체제로 급변하고 있고 건설적 조직이 아닌 파괴적 조직이 출몰하고 있다고 지적했다. 이것은 누구에게도 매우 힘든 상황이고 특정 행정부를 비난하는 것은 크게 의미가 없다고 했다. 역시나 특정 대통령을 지적하여 말하는 것도 마찬가지라는 입장이다.

로빈 니블렛은 2018년에 미국이 세계 주요 분쟁 지역에 다시 관여할 것으로 보는지 연이어 물었다. 제인 하먼 원장은 미국이 다극화 체제에서 힘을 발휘할 수 있다고 생각하지 않는다고 견해를 밝혔다. 다보스 포럼 직전 트럼프 행정부에서 발표한 국가안보 전략을 언급하며 인도와 중국에 긍정적인 방향일 것이라고 해석했다. 더불어 북한은 핵을 마스터했다고 생각하지 않는다고 했는데, 평창 올림픽 이후에 이 문제를 잘 해소해야 한다고 생각하고 미국도 분명 참여할 것이다라고 예상했다. 중동 문제에 관해서는 미국이 17년간 이라크 상황에 관여해왔기 때문에 미국 국민들도 상당히 지쳐 있을 것인데 그렇다고 미국이 어떤 행정적 전략을 가지고 관여한다고 보기는 어렵다고 밝혔다.

로빈 니블렛은 패널 참여자들에게 2018년 가장 큰 걱정거리나 기회가 무엇이냐고 물었다. 사미르 사란 부회장은 러시아처럼 정치적 힘은 세지만 경제력이 상대적으로 약한 나라가 글로벌 시스템에 투자하지 않는 것은 어리석은 일이라고 밝혔다. 이근 교수는 가장 걱정되는 것은 군사적 대립보다도 북미 간 '파이어 앤 퓨리(fire and fury, 화염과 분노)'나 '로켓맨(rocketman, 북한 김정은의 지속된 미사일 도발에 빗대어 표현)'과 같은 과장되고 자극적인 말을 주고 받으며 긴장감을 높이는 상황이라고 지적했다. 그나마 다행인 것은 이렇게나마 대화를 이어나가고 있다는 점이었다. 제인 하먼 원장은 핵전쟁이 우려스럽다고 밝혔다. 1차 세계대전도 사소한 실수에서 비롯되었고 트럼프 대통령이 다극화되어 가는 세계 질서에 대해 미국의 계획과 로드맵을 공표할 텐데 여기에 희망을 걸어 본다고 밝혔다.

한반도는 안전한가

이번 다보스 포럼에서 가장 먼저 다뤄진 한반도의 긴장 상황은 다른 토픽 세션에서도 여러 번 언급되었다. 예를 들면 '세계 안보 질서에 실질적 위협으로 부상한 핵 위험'이라는 세션에서는 핵 문제와 정치, 경제, 군사적 옵션 등에 대해 토론했다. 좌장은 최근 로이터통신 한국 지사 총괄로 선임된 김소영 대표가 맡았다. 김소영 대표는 과거 대통령 탄핵부터 자동차 산업 구조 조정, 대형 M&A 등 굵직한 금융, 정치 관련 사건 취재를 도맡아 하던 베테랑 언론인이다. 그와 함께 호흡을 맞춘 연사들은 베아트리체 핀 핵무기 폐기 운동본부 사무총장과 아사히 신문 등에서 일하며 오랫동안 북핵 문제를 다뤄온 아시아 태평양 이니셔티브 후나바시 요이치 회장, 그리고 주변국과 비슷한 경험이 있는 인도의 외무부 장관 M. J. 아크바르이다.

아시아 태평양 이니셔티브(Asia Pacific Initiative) 후나바시 요이치(Funabashi Yoichi) 대표의 견해가 돋보였다. 일본인이지만 북핵에 대한 인식이 놀랍도록 정확하다는 데 놀랐다. 평창 동계올림픽을 통해 보여준 평화를 위한 노력은 좋지만 그 뒤에 숨은 북한 핵 개발 프로그램의 셈법을 냉철하게 짚어 봐야 한다고 강조했다. 강경화 외무부 장관도 다보스를 찾아 북핵과 한반도 상황에 대해 견해를 밝혔다. 강경화 장관은 '전략적 지리: 한반도', '한반도의 지속 가능한 평화 구축' 등 두개의 세션에 주요 연사로 나섰다. 북한의 평창 동계 올림픽 참가 계기로 이루어진 남북회담을 통해 우리 정부가 한반도 긴장 완화 및 평화 구축을 위해 노력하고 있음을 설명했는데 더불어 문재인 대통령의 '베를린 구상'을 상기시키고 대한민국 정부의 중장기 대북 관계 비전과 전략을 소개하는 시간을 가졌다. 때가 때이니 만큼 강경화 장관이 참여하는 세션마다 그 한마디 한마디에 무게가 실릴 수밖에 없었다. 싱가포르 유엔대사를 지낸 키쇼 마부바니 싱가포르 국립대 리콴유 정책대학원

학장, 하버드대 케네디 스쿨 벨퍼 센터 소장, 중국 외교부 산하 싱크탱크인 CIIS(중국국제문제연구원) 쑤거 대표가 대담자로 나섰다.

무가베 그 이후

2017년 아프리카에서 가장 크게 기억될 사건을 꼽자면 37년간 철권 통치로 짐바브웨를 다스려온 로버트 무가베(Robert Mugabe)의 퇴진이다. 말이 사임이지 군부에 의한 축출에 가깝다. 아프리카는 유럽과 연결 고리가 많은데 다보스 포럼에서도 타이밍을 놓치지 않고 무가베 퇴진 후 새로운 짐바브웨의 수장으로 임명된 에머슨 음낭가과(Emmerson Mnangagwa)를 다보스 포럼에 초대하여 급변하는 아프리카 정세와 민주화로 빠르게 전향해야 하는 과제를 안은 짐바브웨의 상황을 그가 단독으로 격의 없이 토로할 수 있는 기회를 제공했다.

음낭가과 대통령은 짐바브웨가 과거와 같은 실수를 반복하지 않기 위해 어떻게 하면 더 빨리 민주주의를 정착시킬지, 경제적인 번영을 위해 짐바브웨를 어떻게 바꿔 나갈지 다보스 포럼을 통해 담담히 밝혔다. 2018년 7월에 대통령 선거를 치르겠다고 약속했는데 집권 초 여전히 짙게 드리운 무가베의 그림자를 씻어 내는 데 많은 노력을 기울인다는 인상을 받았다. 무가베의 장기 집권으로 짐바브웨의 민주주의가 뿌리

내리기까지는 상당한 어려움이 예상된다. 과도기적 정치 혼란, 그 소용돌이의 중심에서 한 국가를 이끌어야 하는 대통령의 고충은 상당히 클 것이다. 음낭가과 대통령을 초청하고 그가 목소리를 낼 수 있도록 도운 다보스 포럼의 노력은 매우 시의적절했다.

글로벌 시장 전망

'균열된 세계 속의 글로벌 시장(Global Markets in a Fractured World)'이라는 세션은 폭스 비즈니스 네트워크와 다보스 포럼이 함께 준비했다. 특히 포럼 직전 도널드 트럼프 미국 대통령이 외국산 세탁기, 태양광 제품에 세이프가드(safeguard, 긴급수입제한조치)를 발동했기에 세션의 토론 열기는 더욱 뜨거워졌다.

참여하는 패널들도 매우 화려하다. 세계 3대 사모펀드로 불리는 블랙스톤 그룹의 CEO이자 도널드 트럼프 대통령의 경제 교사로도 알려진 스티븐 슈워츠먼 회장이 눈에 띈다. 스티븐 슈워츠먼은 블랙스톤의 놀라운 성장을 견인했던 사람으로 훌륭한 인품과 지혜를 겸비했다. 최근 예일대가 칭화대와 협력하여 만든 슈워츠먼 칼리지를 만드는 데 역대 최고 기부액으로 기록된 1억 5천만 달러를 쾌척하기도 하였다. 전 세계 물류의 흐름을 유리알처럼 투명하게 꿰뚫고 있는 DHL 프랑크 아펠 회장은 금융과는 다른 실물의 관점에서 이야기를 풀어 나갔다. 패널들은 2018년 경제 전망에 드리워진 그림자에 대해 먼저 이야기했다. 10년 주기로 돌아오는 글로벌 금융위기가 촉발할 수 있는 리스크에 대해 짚어보는 시간을 가졌다. 나에게 이 세션이 매우 흥미롭게 느껴진 이유는 금융은 금융의 관점에서, 실물은 실물 관점에서 시장 상황을 바라보기 때문에 같은 상황을 바라보는 시각이 매우 달랐다는 점이다. 예를 들어 투자자 관점을 대변한 슈워츠먼 회장은 지속적인 가치 증대보다 업사이드, 투자 수익을 극대화하려는 투자자의 열망을 은연중 내비쳤는데 자본주의 체제하에서 공유할 수 있는 미래를 만들기 위한 필요악이 아닐까 생각한다.

진행자
마리아 바티로모(Maria Bartiromo) 폭스 비즈니스 네트워크 앵커

패널
스티븐 슈워츠먼(Stephen Schwarzman), 블랙스톤 그룹 CEO
티잔 티엄(Tidjane Thiam), 크레디트 스위스 CEO
어디나 프리드먼(Adena Friedman), 나스닥 CEO
브라이언 모이니한(Brian Moynihan), 뱅크 오브 아메리카 CEO
프랑크 아펠(Frank Appel), 도이체 포스트 DHL CEO

마리아 바티로모는 정부 규제, 세금 정책의 변화와 지정학적 위험이 2018년 경제에 그림자를 드리우는 대표적인 예라고 지적하고 이것이 금융시장과 글로벌 비즈니스에 시사하

는 바가 무엇인지 패널들에게 질문했다. 이에 대해 스티븐 슈워츠먼 회장은 사람들은 경제라는 렌즈를 통해 세상을 보기 때문에 어떤 직접적인 위협도 느끼지 못할 것이라고 했는데, 지정학적으로는 전 세계적으로 위험이 도사리고 있는 게 분명하고 언젠가는 이 문제가 튀어나올 것이라 말했다.

이어서 마리아 바티로모는 미국의 세이프가드 발동을 언급하며 유럽의 무역 성장세에 대한 질문을 이어갔다. 이에 대해 티잔 티엄 대표는 최근 유럽의 무역 성장률이 세계 GDP 성장보다 느린 것에 걱정이 많지만 2017년에는 어느 정도 성장세를 회복했다고 본다고 밝혔다. 세탁기나 태양광 패널 관세에 대한 문제는 좀 더 지켜봐야겠지만 여전히 상황에 대해서는 낙관한다고 밝혔다.

마리아 바티로모는 세계 곳곳에 도사리고 있는 국가 간 분쟁이 세계 무역에 미치는 영향에 대해 물었다. 어디나 프리드먼 대표는 매우 부정적이라는 의견을 내고 그래도 투자자는 이와 같은 컨텍스트에서도 회사의 본질을 보려고 노력할 것이라고 밝혔다. 스티븐 슈워츠먼 회장은 전 세계 무역 이슈는 너무나 많은데, 특히 미국이 그 중심에 서 있는 상황을 지적했다. 이러한 이슈는 구조적 불균형으로부터 온다고 보고 중국과 미국의 관계를 고려해 보면 미국이 막대한 손실을 보고 있다고 그의 의견을 더했다. 예를 들자면 중국의 관세는 27%

지만, 중국에서 미국으로 들여올 때 붙는 관세는 9%에 불과하고 이런 상황은 바뀌어야 한다고 밝혔다. 중국은 관세 장벽(tariff wall) 밖에서 성장하는 게 바람직하고 이를 통해 국가가 성장해야 한다고 그의 의견을 피력했다.(2018년 7월 촉발된 중국과 미국 간 무역 전쟁의 주요 쟁점을 살펴보면 대중국 주요 수입 품목에 대한 관세를 25%로 올리는 안을 미국이 실행에 옮겼다.)

마리아 바티로모는 이어 미국 세제 개편에 관한 주제로 질문을 이어갔다. 트럼프 행정부에서 세제 개편을 미국의 이익을 위한 큰 성과로 치부한 데 따른 질문이다. 이에 대해 어디나 프리드먼 대표는 미국 세제 개편은 기업에 긍정적인 영향을 미치고 고용률을 증가시킬 것으로 예상했다. 즉, 선순환구조가 만들어질 것을 예상한 것이다. 이에 대해 스티븐 슈워츠먼 회장도 규제 개편과 낮아진 세금으로 미국은 비즈니스 하기 좋은 곳이 될 것으로 예견했다. 티잔 티엄 대표도 세계 경제 발전에 새로운 기반이 될 것이고 긍정적인 효과가 과소평가된 것에 동의한다고 밝혔다. 다만 프랑크 아펠 대표는 부정적인 의견을 냈는데 세제 개편을 통해 단기적인 효과만 볼 수 있을 것이라 내다봤다. 정부는 인프라, 교육, 공정무역 등 근간이 되는 사업에 예산을 써야 하는데 급진적인 세제 개편은 초기 12개월 정도는 긍정적인 효과를 보겠지만, 국가 전반에 걸쳐 근본적인 생산성을 향상하는 정답이 될 수는 없다고 꼬

집었다. 어디나 프리드먼 대표는 많은 비즈니스 조직이 낮아진 세금 덕분에 미국의 문을 두드릴 것이라 내다봤다. 아펠 대표의 부정적인 견해에 대해서는 세제 개편을 통해 미국으로 몰리는 비즈니스가 종국적으로는 세수를 늘리고 그 자원을 인프라 구축 예산 등으로 사용할 수 있을 것이라 말하며 반박 의견을 냈다.

마리아 바티로모는 유럽의 성장세에 대한 질문을 패널들에게 던졌다. 프랑크 아펠 대표는 정상 궤도에 오를 정도로 유럽은 성장을 잘 이뤘다고 자평했다. 높은 교육 수준 등 근본적인 향상에 집중해 경쟁력을 유지하는 것이 중요하다고 강조했다. 특히 프랑스와 독일이 경쟁력을 유지한다는 것은 동구권을 포함한 유럽 전체의 경제 성장을 의미한다고 말했다. 스티븐 슈워츠먼 회장도 유럽은 전반적으로 잘 하고 있다고 말했다. 대형 기관 투자자들도 유럽 투자에 자신감을 갖고 있다고 밝혔다. 마크롱 대통령이 이끄는 프랑스의 변화무쌍한 혁신의 노력 또한 주목할 만하다고 의견을 더했다. 이에 대해 브라이언 모이니한 대표는 이런 변혁이 잘 체화되어 예전 상태로 회귀하지 않도록 하는 것이 매우 중요하다고 강조했다. 특히 프랑스가 다음 선거에서 새로운 정부가 들어서면 자칫 예전 상태로 돌아갈 수 있다는 점을 지적했다.

객석에서도 흥미로운 질문이 제기되었다. 중국과 미국에

치우쳐 있는 힘의 균형을 어떻게 견제해야 하며 그리고 이를 위해 다국적 기업은 어떤 일을 해야 하는지에 대한 질문이었다. 브라이언 모이니한 대표는 굳이 무엇을 하지 않더라도, 개별 국가나 다국적 기업들이 해야 할 일을 하면 힘의 균형은 잘 맞춰지고 유지될 것이라고 예견했다. 프랑크 아펠 대표는 경제를 제대로 이해하는 사람이 나라를 이끌면 시간은 조금 오래 걸리더라도 제대로 된 방향으로 갈 것이라고 예상했다. 또 다른 방청객 질문은 독일과 프랑스에만 쏠리는 정책 변화 기조가 유럽 전체의 성장에 충분하다고 생각하느냐였다. 프랑크 아펠은 독일, 프랑스뿐 아니라 유럽의 작은 나라까지도 이제껏 좋은 개혁을 진행해 왔음을 강조하고 여전히 남은 과제가 많으므로 앞으로 더 다 같이 힘써야 한다고 말했다.

전쟁도 예고 없이 찾아오는 법이고 범국가적인 경제 위기도 갑자기 아무도 손 쓸 수 없을 정도로 갑자기 해일처럼 밀려오는 법이다. 그리고 역사는 반복된다. 영 글로벌 리더 미셸 부커는 그녀의 저서《회색 코뿔소가 온다》에서 큰 위기 전에는 개연성 있는 위기의 조짐이 명백히 보이고 대부분 예상 범위에 있는 이런 위험 요소들이 간과되거나 방치되기 때문에 대형 위기가 현실화된다고 주장한다. 이것은 어떤 대형 사고가 발생하기 전에 연관된 경미한 사고나 여러 징후가 포착된다는 것을 통계적으로 증명한 '하인리히 법칙'과도 일맥상통한다.

결국은 경제?

4차산업혁명 때문에 파생되는 가장 큰 이슈 중 하나는 인간의 노동과 경제활동에 대한 도전이다. 다보스 포럼의 시스템 이니셔티브이기도 하고 이번 포럼에서 다뤄진 빈도가 높았던 토픽이 바로 미래의 일자리와 관련된 세션이었다. 클린턴, 오바마 행정부의 대표적인 경제 브레인이었던 UC 버클리 하스 경영대학원 교수 로라 타이슨과 소득 불균형과 기술의 영향, 세계화에 따른 변화에 대한 연구를 활발하게 펼치고 있는 데이비드 아우터 MIT 교수, 그리고 대형 보험사 가디언 생명보험의 대표이사가 패널로 나섰다. 인류의 보편적인 의무이자 권리인 일에 대한 끝없는 담론을 자동화와 임금 인상의 역학 관계 등을 통해 살펴보았다.

의료 기술의 발달과 섭식 등의 개선으로 인간의 수명이 연장되면서 100세 시대가 결코 멀지 않게 느껴진다. 한국, 일본, 중국에서는 이미 빠른 속도로 고령화가 진행되고 있고 다양한 사회문제가 야기되고 있다. 하지만 산업화 이후 저축과 부의 축적 속도가 과연 100세 시대에 다가가는 인간 수명 연장의 속도를 따라잡고 있는지, 과연 우리 미래에 우리의 삶을 지탱할 수 있을 정도의 경제적 수단을 갖추고 있을지 원초적인 질문을 던진다. 탬진 부스 이코노미스트 경영 섹션 편집자를 좌장으로 각국 재무부 장관들과 연기금 대표를 불러 모은 세션이 눈길을 끌었다. 캐나다와 브라질의 재무장관이 패널로 참여하였고, 330조 규모의 캐나다 연기금 투자운용본부 대표와 스웨덴 노동조합 총연합체의 대표, 3천7백만 가입 회원을 보유한 미국은퇴자협회 대표 등이 패널로 나서 은퇴와 소득에 대한 다양한 시각을 선보였다.

2018년 다보스 포럼의 핵심 의제로 떠오른 '공유할 수 있는 미래'를 만들기 위해 몇 가지 선행되어야 할 과제가 있다. 그 중 하나로 제시된 세션의 주제는 '포용적(inclusive) 금융을 위한 공동의 비전 정립'이다. 전 세계 금융망은 긴밀하게 연결되어 있다. 서로에 대한 의존도가 높은 만큼 파생되는 위험은 예전보다 훨씬 커졌다. 자국의 이익만을 주장하기에는 주변 국가에 미치는 영향이 매우 크다. 따라서 특정 국가가 필요 이상의 보호무역주의를 주장하거나 자국 금리, 통화에 대해 극도로 방어적인 정책 기조를 장기간 유지할 경우 주변 국가에도 악영향을 끼친다. 몇 차례 대규모 글로벌 금융 위기 이후 국가별로 보호무역주의를 채택하는 빈도가 증가하였다. 미국에서 촉발된 보호무역주의 기조가 전 세계로 확산되면서 국가 간 경제 분쟁이 격화될 것으로 예상한다. 이런 암울한 전망 속에서도 다보스 포럼에서 금융의 포용적 성장을 다시 한번 강조하고 다양한 이해관계자들의 의견에 귀를 기울였다.

예를 들면 마이크로파이낸스(소액 금융)를 통해 금융 서비스의 변방에 있는 빈곤층 여성, 청소년들에게 경제적으로 자립할 수 있는 수단을 제공하는 방안이 제시되었다. 더 이상 새로울 게 없는 이야기이긴 하나 마이크로파이낸스의 저변 확대를 위해 여러 번 강조해도 지나침이 없다. 블록체인이나 암호화폐처럼 금융당국이나 감독기관을 거쳐야 할 필요가 없는 금융 기술의 진보로 인해 발생하는 사회적인 문제나 갈등을 어떻게 하면 사전에 막거나 해결할 수 있을지 토의하는 세션도 있었다. IFC COO, VISA의 최고 리스크 담당자 겸 부회장, 콜롬비아의 재정경제부 장관, 나이지리아 기반 다국적 금융 서비스 기업 다이아몬드 뱅크의 대표, 그리고 전직 투자은행가, 중국 최초 핀테크 회사 창업 회장을 역임한 PXHY 과학기술 대표도 함께 패널 토의에 참여했다. 다보스 포럼에서 금융, 통화 시스템 관련 주제를 총괄하는 매튜 블레이크(Matthew Blake)가 직접 토의를 이끌었다.

다보스 포럼은 원래 세계경제포럼이란 타이틀과 걸맞게 자본시장 참여자들이 대거 참석하고 변화하는 시장의 구조와 규제 환경에 대해 열심히 토론하고 공론화하기 위해 애쓴다. 다보스 포럼은 공론화를 통한 문제 해결에 적극적으로 나선다. 영국 이코노미스트 편집장 제니 베도스의 리드하에 최근 한국인과 결혼하여 화제를 모았던 에어아시아 대표와 NYSE(뉴욕증권시장) 대표, 미국 그로스(growth) 펀드의 대표 주자이자 뛰어난 투자 실적으로 명망이 높은 사모펀드 제너럴 아틀란틱의 대표, 그리고 인도 대형 IT 컨설팅, 아웃소싱, 보안관제 전문 기업 클라우드플레어 CEO가 패널로 참여했다.

스타트업 회사의 종국적인 목표이자 창업 기업가가 가장 큰 부를 이룰 수 있는 루트는 여전히 회사를 상장(IPO)하는 것이다. 최근 IPO에 대한 시각이 급속도로 바뀌고 있는데, 예를 들어 비트코인을 이용한 ICO(initial coin offering)가 금융 시장에서 큰 화두로 떠오르면서 IPO 시장에 어떤 영향을 끼칠지 의견이 분분했다. 주식시장에서도 경영공시라는 제도적 틀이 있지만 정보 격차로 인해 파생될 수 있는 여러 리스크들이 여전히 상존한다. ICO처럼 제도권을 벗어난 곳에서도 수십-수백억 원의 투자 유치가 가능하다는 것이 증명된 상황 속에서 ICO가 급부상할 수밖에 없는 이유를 살펴보았다. 더불어 기존 자본 시장의 비효율성과 정보격차 등을 비판적인 시각으로 살펴보았다.

아무리 가상화폐가 등장하고 세상이 모두 디지털화되어도 실물경제와 연동이 안 된다면 그것은 허상에 불과하다. 실물경제는 어제도 오늘도 미래에도 사회를 강력하게 떠받쳐 줄 것이다. 글로벌 무역과 관련하여 잠재적인 위험 요인에 대한 여러 이야기들이 흘러나오고 있다. 예를 들면 세계화에 역행하는 미국의 정책 기조가 대표적인 예이다. 그런 정책으로 국가와 국가가 맺은 다자간 합의가 지켜지지 않고 폐기될 위기에 처한 작금의 상황은 촘촘하게 엮여 있는 여러 이해관계자들에게도 부정적인 영향과 반감을 일으키고 있다. 처음에는 경제 무역 보호 조치나 분쟁으로 시작된 이슈들이 다자간 분쟁으로 확산되는 일도 비일비재하다. 이 토픽을 다루기 위해 포춘의 회장이자 타임지의 최고 콘텐츠 담당자인 앨런 머레이, 스탠다드차타드 은행의 그룹 총괄 CEO와 곡물, 산업 원자재 무역 거래 전문 기업인 카길의 회장, 그리고 최근 연임에 성공한 세계무역기구의 호베르투 아제베두 사무총장이 함께했다.

'책임 있는 소비'에 대한 세션도 많은 생각 거리를 제공한다. CNBC-TV의 쉐린 반이 좌장으로 나섰고 IKEA의 예스퍼 브로딘 대표, 세계적인 건강, 영양, 소재 전문 기업 로열 DSM의 페이케 시베스마 회장, 중국 에너지 & 환경 보호 그룹(CECEP, China Energy Conservation and Environment Protection Group) 류다산(Liu Dashan) 회장, 전자제품 리사이클링 전문 기업 블루오크 공동 창업 대표 프리바히니 브라두 등이 패널로 나선다. UNEP의 사무총재 에릭 솔하임도 함께 참여하여 거시적인 관점에서도 바라보는 책임 있는 소비에 대한 의견을 나눴다. 예를 들어 우리는 매년 멕시코 전체 GDP에 버금가는 플라스틱, 전자제품, 음식물 쓰레기를 버리고 있는데, 소비재

유통 기업들이 업사이클링과 리사이클링을 적극적으로 시도하고 모범안을 빨리 만들어야 한다고 주문하였다.

디지털 경제의 미래

4차산업혁명 이후 화두로 떠오른 디지털 경제 관련 세션도 좋은 반응을 얻었다. 세션 이름은 '디지털 경제에 대한 전략적 전망'으로 여러 정보통신 기업 수장이 토론에 나섰다. 한 시간 안에 담아내기 어려운 많은 이야기들이 오갔지만 그들이 지속적으로 저변 확대를 위해 애썼던 과거 노력과 매체 인터뷰 등을 돌이켜 보면 몇 가지 공통된 흐름을 살펴볼 수 있다.

톰슨 로이터의 CEO 제임스 스미스는 디지털 경제를 중심으로 돌아가는 사회에서 미디어 회사들이 직면한 과제에 대해 의견을 나눴다. 정리해보면 첫째, 디지털 기술을 습득하는 데서 오는 사회적 거부감을 극복해야 하고, 둘째, 높은 보안을 요구하는 디지털 경제 체제하에서 상호 신뢰도를 높이기 위한 장치가 필요하며, 셋째, 국가의 경계를 넘나드는 데이터의 흐름을 관리하는 방법이 필요하다는 것이다.

패널들은 논의를 시작하기 전에 디지털 경제에 대해 아래와 같은 가이드라인을 제시했는데 요약하면 지속 가능하고 포괄적이며 신뢰할 수 있는 디지털 경제를 만들어야 한다는 것이다.

디지털 경제 가이드라인

1. 누구나 접근할 수 있어야 함
2. 책임감 있는 비즈니스를 만드는 조직이 필요함
3. 정책 입안을 위해 목적에 대한 신뢰가 중요함
4. 안정성과 탄력적인 대응이 필요함
5. 명확한 아이덴티티(identity)와 인증 시스템이 필요함
6. 정보 공유와 더불어 프라이버시 등 정보 보호의 중요성 확대됨

특히 4차산업혁명의 근간은 정보를 공유하는 것에 있는데 이 혜택을 잘 누리기 위해서는 프라이버시 등 정보를 보호하는 수단을 강화해야 한다고 강조한다.

진행자
린 세인트 아무르(Lynn St Amour), UN 인터넷 지배 구조 포럼 의장

패널
마이클 그레고어(Michael P. Gregoire), CA 테크놀로지 CEO
네일리 크루스(Neelie Kroes), 오픈 데이터 연구소 이사
척 로빈스(Chuck Robbins), 시스코 시스템즈 CEO
개빈 패터슨(Gavin Patterson), BT 그룹 CEO
제임스 스미스(James Smith), 톰슨 로이터 CEO

린 세인트 아무르는 현재 디지털 경제에서 가장 큰 이슈는 무엇인지 포괄적인 질문으로 세션을 시작하였다. 척 로빈스 대표는 디지털 경제로 시대가 빠르게 변하면서 비즈니스 커뮤니티 및 기관이 져야 할 많은 의무가 등장했다고 주장했다. 먼저 디지털 경제로의 접근성을 누구에게나 최적화해야 하며 이것은 교육 부문이나 헬스케어까지 포함해야 한다는 말

이다. 또 다양한 파트너십 기회를 만들어야 한다고 강조했다. 심지어 과거 경쟁자라 불릴 만한 대상과의 파트너십조차 실행에 옮길 수 있는 자세가 있어야만 기술이 사회에 줄 수 있는 혜택을 극대화할 수 있다고 봤다. 그가 강조한 또 다른 부분은 보안과 신뢰이다. 끝으로 누구에게나 급변하는 시대를 살아가는 데 필요한 스킬을 배울 수 있는 기회를 동등하게 제공해야 한다는 견해를 피력했다.

연이어 마이클 그레고어 대표는 최우선 과제로 청자에 따라 기술에 대해 내러티브가 구별되어야 한다고 주장한다. 예를 들어 기술이 인간의 일자리에 어떤 변화를 가져올지 이야기한다면 해당 분야에서 최소한 5년 정도 일한 사람을 타깃으로 콘텐츠를 만들어야 한다는 것이다. 미국의 경우 400만 명에 달하는 화이트칼라 직종 사람들의 일자리가 기술의 진보로 인해 사라지거나 대체될 가능성이 높은데 이들이 사회의 변화에 잘 적응할 수 있도록 도와야 한다는 것이다.

개빈 패터슨 대표는 선행 조건으로 세 가지를 들었다. 먼저 투자를 언급했다. 앞으로 5G(5세대 이동통신)나 IoT(Internet of Things, 사물인터넷) 등 미래 산업은 약 10조 원이 넘는 신규 투자가 필요한데, 투자자들이 자본을 쉽게 투입할 수 있도록 적절한 구조를 만드는 것이 중요하다고 강조했다. 두 번째로 기술은 점점 정교화되고 어려워질 텐데 이 때문에 협력이 점점 더 중요해질 것이라고 힘주어 말한다. 마지막으로 기술 기반 사회를 이끌 인재가 부족한데 미래 테크놀로지 중심의 시대를 살아가기 위해 필요한 스킬을 읽기나 쓰기처럼 학교에서 가르쳐야 한다고 주장했다.

제임스 스미스 대표는 다보스 포럼에서 디지털 혁명에 대해 다룬 지 얼마 되지 않았지만 발빠른 대응이 필요할 만큼 그 변화의 속도가 빠르다고 주장한다. 그만큼 기술 기반 사회가 가져온 반대급부가 크다는 것이다. 많은 사람들은 고용안정성이나 보안, 미디어에서 배포하는 뉴스에 대해 깊이 걱정하기 시작했다. 이런 때일수록 다양한 이슈를 잘 조직하는 것이 중요하다. 우선순위를 가지고 집중해야 하는 부분에 대해 기술에 대한 공평한 접근, 디지털 정체성(digital identity) 및 사이버 보안의 중요성을 꼽았다. 특히 기술에 대한 공평한 접근성과 보안 강화 사이에서 균형을 잘 잡는 게 시급하다고 강조했다.

네일리 크루스 이사는 디지털 스킬의 강화를 위해 평생 교육을 증진해야 한다고 강조한다. 그 다음으로는 국경을 넘나드는 수많은 데이터의 흐름에 지역 정책을 적용하는 것이다. 이를 위해 기업이나 기관에서는 지역에 맞는 규제안을 만들고 따르는 것에 집중해야 한다. 마지막으로는 투명한 알고리즘의 공유를 위해 기술에 대한 신뢰를 강화해야 한다고 밝혔다.

방청객 중 한 명은 공개 질의 시간에 흥미로운 질문을 던졌다. 만일 2년 전에 적어도 이런 문제를 논의했었어야 했는데라고 후회할 만한 부분이 있다면 그게 무엇인지 물어보았다. 척 로빈스 대표는 보안과 정체성의 문제, 또 비즈니스 리더가 힘을 합쳐 다양한 이슈를 해결하는 것, 앞으로 모든 일은 기술에 기반을 둘 수밖에 없고 적절한 배움의 기회를 모두에게 제공하는 것의 중요성을 꼽았다. 이를 위해 우리가 지금까지 작업한 것은 단지 작은 플랫폼을 만드는 것이었다면 확대된 컨텍스트에서 정부는 특정 정당의 이해관계를 떠나 명확한 정책을 세우고 상황을 분명하게 이해해야 한다고 강조했다.

린 세인트 아무르는 정책 입안자가 이상만 추구하지 않기 위해서는 시민이 적극 참여해야 한다고 강조한 패널의 의견이 인상적이었다고 지적한다. 이에 대해 네일리 크루스 이사는 시민들도 다양한 챌린지를 해야 한다는 점을 강조했다. 정책 입안자가 시민의 이익을 무조건 대변할 것이다라고 순진하게 생각하기보다는 문제를 직시히고 직접 이야기할 수 있는 정치인을 만드는 것이 중요하다고 밝혔다.

다른 방청객은 기술이 노동에 미치는 영향은 무엇인지 물었다. 4차산업혁명의 도래로 가장 논란이 많은 질문이다. 제임스 스미스 대표는 현재 대부분 직업은 재훈련(re-training)하지 않으면 안 된다고 밝혔다. 각 업계 리더가 이를 해결하지 않는다면 문제는 더욱 심각해질 것이고 현재 소수의 사람만 보유한 고급 테크놀로지 스킬을 보편화할 수 있도록 기회를 제공해야 한다고 강조했다. 이를 위해서는 정부가 지원하는 평생 교육이 필수적이며 이로 인해 사람들은 기술이 가져온 노동시장의 급격한 변화에 적응할 수 있을 것이라고 내다봤다. 마이클 그레고어 대표는 최대한 많은 사람을 재훈련시키는 것이 중요하다고 말하며 힘을 보탰다. 인간이 변화한 노동시장에 적응하지 못한다면 그것은 순전히 정부와 업계 리더 탓이라고 힘주어 말한다.

또 다른 방청객은 개인의 데이터를 가지고 수익을 창출하는 회사로부터 인센티브를 받아야 한다고 생각하는데 이게 실현 가능한 일인지 패널들의 의견을 물었다. 마이클 그레고어 대표는 기업이나 정부가 우선 데이터 비즈니스 모델에 대해 사람들에게 잘 설명해야 한다고 말한다. 척 로빈스 대표는 블록체인과 같은 새로운 기술 모델을 통해 자연스럽게 해결책이 제시될 것이라 예견했다.

린 세인트 아무르는 세션을 마무리 지으며 앞으로 다보스 포럼에서 깊이 다뤘으면 좋겠다고 생각하는 주제를 물었다. 마이클 그레고어 대표는 맞는 방향에 대해 폭넓게 이야기를 나눌 수 있어 좋았다고 밝히고 특히 테크놀로지 스킬에 대한 교육의 필요성에 대한 논의가 상당히 구체적으로 이어진 데 대한 만족감을 표시했다. 더불어 누가 방대한 데이터를 소유하고, 데이터가 어떻게 수익으로 연결될지에 대한 고민은 앞으로도 더 깊이 있게 살펴봐야 할 부분이라고 견해를 밝혔다. 네일리 크루스 이사는 중요한 것은 우리가 데이터로 수익을 만드는 것보다 우리가 데이터를 잘 보호해야 한다는 사실이다라고 강조했다. 이건 신뢰의 문제로 더욱 투명하게 진행되어야 한다고 주장한다. 더불어 2018년 다보스 포럼에서 주목했으면 하는 어젠다가 있는데 그것은 바로 소셜 미디어가 젊은 세대에 미치는 영향이다.

척 로빈스 대표는 많은 기술 기업이 테크놀로지 스킬을 제공하는 플랫폼을 운영하는 데 힘을 모았으면 한다고 그의 소망을 밝혔다. 더불어 정부와 기술 기업은 효율적으로 일하는 방법을 연구해야 한다는 점을 강조하고 부모는 자식이 디지털 기기를 접할 때 친구가 아닌 부모로서 조언해야 한다는 점을 힘주어 말했다. 개빈 패터슨 대표는 결국 중요한 것은 스킬인데, 학교 기초 교육 커리큘럼에 기술 과목이 들어가 기술이 가져오는 잠재력을 사람들이 학교 교육에서부터 취할 수 있도록 해야 한다고 밝혔다. 제임스 스미스 대표는 개인 정보에 대해 다시 한번 강조했는데 프라이버시를 지키는 것도 중요하지만 잘 공유하는 것이 더 중요한 문제라고 말한다. 결국 신뢰를 바탕으로 한 상호작용이 중요한 것이다.

디지털 트랜스포메이션은 업계를 불문하고 최근 산업계에서 가장 큰 화두이다. 4차산업혁명과 디지털은 떼려야 뗄 수 없는 존재이다. 내가 돕고 있는 명품 패션 기업에서도 디지털 트랜스포메이션을 위해 많은 투자를 하고 있다. 전통적인 제조, 유통 중심의 기업에서도 새로운 CDO(chief digital officer, 최고 디지털 임원) 자리가 빠르게 생겨나고 있으니 말이다.

예를 들어 BCG 조찬 행사에서는 카를로스 곤 르노-닛산 회장이 나와 합병 이후 겪었던 변화 관리의 고충과 제조업 관점에서 전격적으로 진행했던 디지털 트랜스포메이션에 관한 이야기를 들려주었다. 동시간 대에 있었던 베인 행사에는 레고 재단 이사장, 퍼블리시스 회장 등이 연사로 참석했는데 세계 3대 전략 컨설팅사인 맥킨지, 베인, BCG는 마치 경쟁이라도 하듯 같은 날 행사를 치렀고 대부분 디지털 트랜포메이션과 관련된 주제가 핵심이었다.

역설적으로 디지털이라는 말만큼 피로도가 높은 단어도 없다. 디지털 트랜스포메이션이 강조하는 것은 단순 기술 도입이 아니라 일하는 방식과 생각하는 방식도 다 뜯어 고치는 것인데 이게 말만큼 쉬운 일이 아니다. 햄릿의 명대사인 죽느냐 사느냐(to be or not to be)에 빗대어 디지털 아니면 죽음을 달라(digital or die, BCG 파리 오피스 올리비에 압탄이 같은 제호의 보고

서를 냈음)라는 위기 의식을 가진 기업들이 점점 더 늘어나고 있다. 이런 현상은 상당히 고무적이다. 더 이상 디지털은 지체할 수도 없고 더더구나 선택의 문제도 아니다. 디지털로 빠르게 전환하지 않는 회사는 5-10년 내 다보스 포럼에서 모두 사라지고 도태될 것이라고 주장한 어떤 노신사의 말처럼 많은 지도자들은 그래도 디지털 경제와 기술의 진보가 가져다 줄 기회와 위기에 대해 균형감 있는 인식을 갖고 있는 것 같다. 다만 디지털 네이티브(digital native, 창업 단계부터 디지털로 무장한 하이테크 기업을 일컫는 말) 기업들과 같은 빠른 실행이 아쉬울 뿐이다.

'온라인 컨슈머 마켓 플레이스'라는 제목의 세션은 BCG 디지털 벤처 소속 제프 슈마허와 디지털 싱크탱크 마크 베르누이즈 파트너, 그리고 인도네시아 투자청 토마스 트리카시 렘봉 회장 등이 참석하여 빠르게 변화하는 온라인 고객들의 변화상을 놓고 토의하였다. 좀 더 애자일(agile, 기민한)하고 고객들에게 빠르게 대응하는 환경을 만드는 것은 모든 산업에 동일하게 적용되는 큰 도전이다. 하지만 아무리 기술의 진보가 고객과의 인터랙션을 돕더라도 오버-디자인은 지양해야 한다고 강조한다. 고객들이 너무 많은 선택에 노출되는 것도 그다지 바람직하지 않다고 말한다. 그래서 큐레이션이 잘 되어 있는 플랫폼에 대한 필요가 점점 커지고 있다. 적절한 규제의 필요성에 대한 의견도 있었다. 대체로 정보 보안, 지역 간 세금 차이, 실물 제품의 안전성에 대한 표준 준수 등이 개선되어야 할 점으로 지적되었다.

우린 아이언맨이 되어야 한다

바로 이어진 세션에서는 '사이버 스페이스의 지정학적 위기와 전략적 대응 방안'에 대해 의견을 나눴다. 앞선 세션과 상당히 밀접한 내용이다. BT그룹 보안 부문 CEO와 영국 국가사이버보안센터 의장, 유로폴(유럽의 인터폴) 디렉터 등이 참여해 사이버 테러에 대해 규제를 통한 공동 대응이 필요하다고 의견을 모았다.

사이버 테러로 인한 비용이 급격히 증가하고 있다. 집계되는 액수는 있겠지만 실제 비용으로 잡히는 것은 제한적이기 때문에 실제 일어나는 직간접적인 피해는 훨씬 더 크다. 왜냐하면 사이버 테러는 우리가 간과하는 곳에서 일어나는 경우가 많고 방심하는 틈을 타 어느 순간 뚫리기 때문에 꺼진 불도 다시 보는 마음 자세가 필요하다. 이것에 대해 BT그룹 CEO 마크 휴스(Mark Hughes)는 재미있는 비유를 들었다. 우리는 터미네이터보다는 아이언맨이 되어야 한다는 것이다. 사이버 테러는 인간이 중심이 되어 대응하는 게 전자동화된 기술보다 더 효과적이라고 한다. 스위스 리 아시아 지역 대표 제인

플런켓(Jayne Plunkett)은 사이버 테러도 이제는 보험의 영역이라고 강조하고 사이버 테러 보험 보급이 급속히 확대되리라 전망했다. 기술이 복제하기 어려운 사람의 의도와 같은 영역이 있고 자동화된 대응을 통해 사람이 쉽게 놓칠 수 있는 부분을 추적하여 사람들의 실행 리스크를 최소화할 수 있다고 주장하였다.

아마도 완벽하게 사이버 테러를 막는 것은 불가능할 것이다. 국제 사회는 규제, 법, 보험 그리고 기술로 사이버 테러에 기민하게 대응할 수밖에 없다. 우리는 대응 능력을 기르고 복원력을 키우는 것이 무엇보다 중요하다.

결국 최고의 해결사는 교육

'글로벌 생산 시스템 전망'이라는 세션에서는 글로벌 시장과 초-연결된 통합 공급망에 대한 토의가 주를 이뤘다. 핵심적인 내용을 정리해보면 4차산업혁명이 빠르게 패러다임을 변화시켜 나가고 있는데 초-연결 사회에서는 모두가 책임을 져야 한다는 것이다. 그리고 여러 문제를 해결할 수 있는 최고의 방안은 교육이라고 참석자들은 말한다. 4차산업혁명에 대응하기 위해선 교육이 필요하지만 교육이 변화하는 속도가 사회가 변화하는 속도를 따라잡지 못한다고 참여 패널들이 의견을 모았다.

싱가폴 난양 공대 총장 수브라 수레쉬가 오프닝을 맡아 주제의 배경을 설명해 주었다. 이코노미스트 에디터인 비제이 바이티사라가 진행하였고 미츠비시 중공업 회장 히데키 오미야와 휴렛 팩커드 CEO 디온 웨이슬러와 다이앤 코일 맨체스터대 교수, 아르헨티나 산업부 장관 프란시스코 카브레라 그리고 미국 상무부 장관 윌버 로스가 함께 이야기를 나누었다. 기업별로 교육을 새로운 기술에 접목해 성공한 사례를 공유했는데 HP CEO 디온 웨이슬러(Dion Weisler)는 3D 프린팅 적용 성공 사례를 설명할 때 내부 교육이 얼마나 중요한지 강조했고, 미쓰비시 중공업 히데키 오미야(Hideaki Omiya) 회장은 자율 주행차 관련 기술 대응을 위해 고강도 트레이닝을 통해 내부 인력의 역량을 한 단계 업그레이드하고 재편성한 사례를 소개했다.

중국의 일대일로

2017년 시진핑 중국 국가주석은 '지구촌은 더 나은 세상을 위해 공유할 수 있는 미래를 함께 만들어 가는 커뮤니티'라고 규정하였다. 2018년 다보스 포럼의 주제는 그의 연설에 대한 화답처럼 보인다. 공유할 수 있는 미래는 단순한 경제적 번영에만 있는 게 아니라 정치적인 포용성과 다양성에 대한 존중 등 정치, 경제, 사회적인 관점 변화를 모두 포괄한다.

2017년 시진핑 국가주석의 다보스 포럼 참석 이래, 포럼 참석자들 사이에서 중국의 일대일로(一帶一路) 전략은 큰 화제가 되었다. 그런 관심을 2018년에도 확인하듯 포럼 둘째 날 열린 '중국의 국가전략 – 일대일로'에 대한 세션이 인기가 많았다. 이번 세션에는 중국판 블룸버그라 일컫는 차이신 미디어의 에디터 리신(Li Xin)이 좌장으로 나섰고, AIIB(아시아인프라투자은행) 진리춘(Jin Liqun) 총재, 러시아 국부펀드의 키릴 드미트리브 대표, 파키스탄 총리 샤히드 카찬 아바시, 끝으로 세계적 인프라스트럭처 개발사인 에이콤(AECOM)의 마이클 버크(Michael S. Burke) 회장, 중국 국영기계산업주식회사 시노맥 런홍빈(Ren HongBin) 회장이 참여했다.

일대(一帶)는 중국에서부터 중앙아시아를 거쳐 유럽으로 뻗는 육상 실크로드이고, 일로(一路)는 동남아를 거쳐 아프리카와 유럽으로 이어지는 해양 실크로드를 말한다. 중국의 주도로 44억여 명 규모의 60여 개국이 육상·해상 인프라 연결, 무역 확대, 금융 소통, 인적 교류 확대 등을 통해 경제 규모 21조 달러(약 2경 원)의 유라시아 경제권 구축을 목표로 하는 거대한 전략이다. 중국의 일대일로는 여러 대륙과 지역에 연속성 및 연결성을 높이는 인프라를 제공할 것으로 예상된다. 더불어 주변국과 문화, 기술 노하우를 활발하게 교류할 것이다.

하지만 중국의 영향력이 커질수록 주변국의 우려도 커질

수밖에 없다. 중국 국영 기업이나 개발은행은 단순히 지역 패권주의뿐 아니라 환경이나 사회적 기준을 마련하는 데도 관심이 많다. 중국이 지역 사회나 세계 무대에서 중국의 공공의 역할을 강조하는 것은 순기능도 있겠지만 여전히 공산주의 이데올로기를 숭상하고 있는 국가이기 때문에 주변국들의 우려도 상당하다.

이 세션에서는 일대일로를 완성하기 위해 많은 자원을 투입해야 하므로 투자자에게 지속적인 수익을 안겨줄 수 있는 방안이 마련되어야 한다는 의견도 있었다. 또한 잠재 수익률이 낮아 단기간 손해가 날 수 있는 구조이므로, 관련 국가의 공조가 필요하다고 강조하고 민간 부문의 참여 확대도 기대한다는 의견이 있었다. 마지막으로 중국의 일대일로 최대 수혜국은 싱가포르라는 의견이 있었는데 정말 그럴지는 지켜봐야 할 부분이다.

중국의 새로운 도약

다보스 포럼에서 매일 중국 관련 굵직한 세션이 몇 개씩 있다는 건 참 부러운 일이다. 중국은 기회의 땅이라는 메시지가 이곳 다보스에서도 강력하게 통하기는 마찬가지다. 경제 전망, 인프라와 같은 무거운 토픽에서 소비 시장까지 어느 것 하나 안 걸치는 게 없다. 그만큼 중국이 빠르게 강대국의 반열에 올라서고 있는 것이다.

참석했던 어떤 세션에서는 중국의 새로운 도약을 논하며 2017년 10월에 있었던 제19차 중국공산당 전국대표회의(공산당 대회)에서 발표한 내용을 소개했다. 그중 폭넓은 문호개방과 가난 퇴치를 선언한 것이 무척 인상적이었다. OECD 사무총장과 중국 레노버의 주주인 레전드 홀딩스가 설립한 $10B 규모의 사모펀드 호니 캐피탈 창업 대표이사, HSBC 회장, 그리고 SASAC(중국자산감독관리위원회) 총재 등이 모여 중국의 새로운 도약을 논의했다. 중국 중앙 방송 리시수안이 좌장을 맡았던 이 세션에서는 공산당 대회에서 발표한 매우 야심 찬 개발 로드맵과 시진핑의 정책 기조, 그리고 중국이 추구하는 새로운 시대가 주변 국가들에 미치는 영향에 대해 이야기를 나눴다. 중국 내 사정에 정통한 금융인들과 외부 투자자들, 그리고 OECD 가입 국가들 모두 중국의 도약과 새로운 역할론에 대해 빠르게 인식 변화가 진행되고 있다는 인상을 받았다. 중국에 비해 관심도 면에서 한국과 일본은 많이 밀리는 모양새이다. 솔직히 한국은 이번 다보스 포럼에서 거의 존재감이 없었다.

이번 다보스 포럼에는 알리바바, 바이두 등 중국 이커머스 비즈니스의 수장이 대거 참석했다. 또한 징동닷컴의 류창둥(Liu Qiangdong) 창업자와 칭화대 버블티녀로 유명세를 치른

아내 장저티엔(Zhang Zetian)이 직접 모습을 드러내 세간의 관심을 모았다. 중국의 신흥 부호, 특히 정보통신기술 기업 창업을 통해 빠른 속도로 부를 축적한 창업 기업가들은 다보스 포럼에 모습을 드러내며 글로벌 어젠다에도 영향력을 빠르게 확대해 나가고 있다. 류창둥 회장의 징동닷컴은 알리바바와 쌍벽을 이루며 중국 이커머스 산업을 한 단계 업그레이드시키고 있다. 그의 아내 또한 징동닷컴의 럭셔리 사업 부문을 키우기 위해 유럽을 돌며 사업관계 개발에 힘쓰고 있다. 징동닷컴에서 진행하는 대규모 투자에도 적지 않은 영향력을 행사하고 있는 것으로 알려져 있다. 2017년에는 징동닷컴에서 대표적인 럭셔리 전문 커머스 사이트인 영국의 파페치(Farfetch)에 4,000억 원을 투자했다. 그리고 연이어 2018년에는 구글에서 중국 이커머스 협력 확대를 위해 징동닷컴에 5,000억 원을 투자하였다.

세계적인 사모펀드 칼라일 그룹의 공동 창업자이자 대표 회장인 데이비드 루벤스타인은 그가 호스트로 출연 중인 방송 프로그램에서 소프트뱅크 손정의 회장을 단독 인터뷰 하는 등 거물급 인사를 인터뷰 상대로 세우는 것으로 유명하다. 그런 데이비드 루벤스타인이 류창둥 회장을 대담자로 세워 그의 특유의 위트와 저돌적인 질문으로 인터뷰에 나섰다. 류창동 회장과 어떻게 호흡을 맞출지 사뭇 기대가 컸는데 인터뷰를 통해 기술적인 부분 외에도 징동닷컴이 힘쓰고 있는 공급자망과 물류 관리 개선, 글로벌 인재 영입 계획 등에 대해 류창둥 회장의 사업 철학을 일부나마 살펴볼 수 있었다. 전반적으로 내용은 평이했으나 이 젊은 파워 커플에 대한 관심은 지대했다. 말 그대로 이 중국 신흥 부호의 옷자락이라도 한번 잡아보려고 명함이라도 한번 건네 볼 요량으로 줄을 선 사람들로 인해 행사장은 북새통을 이뤘다.

디지털 시대의 평판 관리, 블록체인 그리고 기타 세션들

디지털 시대의 평판 관리

내가 다보스 포럼에서 가장 먼저 참여한 세션은 '탈진실 시대의 평판'이었다. 현재 나는 파리대(Paris–Dauphine, PSL)에서 평판 위험(reputation risk)에 관련된 논문을 쓰고 있는데, 다우존스와 공공 부문 컨설팅을 전문으로 하는 FTI가 공동주최하는 이 다보스 포럼 번외 행사가 상당히 도움이 될 것이라 생각했다. 세션에 참여한 인사 중 FTI 컨설팅 전략 커뮤니케이션 리서치 부문장 댄 힐리(Dan Healy)가 평판 관리에 대해 재미있는 언급을 했는데, '경제적인 득실보다 대중에게 공분을 일으키는 이슈가 평판에 더 많은 악영향을 끼친다'는 것이었다. 디지털 시대의 평판은 확장 속도가 매우 빠르고 뻗어 나가는 범위도 매우 넓어 뒷감당이 어렵다.

평판 위험은 내가 몸담고 있는 명품 브랜드 사업은 물론 기업, 정치, 공공 부문, 심지어 개인의 영역까지도 폭넓게 적용된다. 곁에 있던 워싱턴 대학교 총장 내외는 대학 교육도 결국 평판으로 시작해 평판으로 끝난다고 말하며 담소했는데 한 번 망가지면 회복하기 어려운 게 평판이므로 좋은 평판을 쌓는 것도 중요하지만 적극적으로 잘 관리해야 할 영역이다.

더불어 이번 포럼에서는 앞서 언급한 디지털 평판 외에도 디지털-포렌직이나 디지털 윤리 같은 토픽들도 대거 편성되어 있었다. 물리적 국경이라는 게 무의미한 거대한 데이터의 흐름 속에서 국가가 짊어져야 할 책임의 범위, 범국가적 사이버 테러에 어떻게 공동 대응할 것인가 등 굵직굵직한 토픽들이 대거 다뤄졌다.

4차산업혁명과 블록체인

바이두 장야친(Zhang YaQin) 회장과 보다폰 비토리오 콜라오(Vittorio Colao), ABB 울리히 스피어스호퍼(Ulrich Spiesshofer) CEO, 페이팔 다니엘 슐만(Daniel Schulman) CEO 그리고 우르술라 번즈(Ursula Burns) 베온 이사회 의장 및 회장이 '빅 테크, 빅 임팩트'의 연사로 나섰다. 4차산업혁명으로 가장 영향을 많이 받을 영역은 산업 자동화와 로봇 기술 고도화에 따른 인간 업무 영역이라는 지적이 지배적이었다. 울리히 스피어스

호퍼 대표는 단순히 공장을 넘어 업무 영역 전반에 걸쳐 10년 내 큰 변화가 있을 것이라고 말했다. 우르술라 번즈 회장은 좀 더 강경한 의견을 제시했다. 인간의 일자리를 위해 효율성을 희생해서는 안 된다는 의견이다.

다니엘 슐만은 IT 기업이 공공이익을 위해 애써야 한다고 주장했는데, 꽤 고무적이었다. 일례로 그는 기술을 통해 여성이 더 많은 기회에 노출될 수 있다고 내다봤다. 그러면서 기술이 제공하는 긍정적 기회에 초점을 맞춰야 한다고 했다. 보다폰 회장 역시 기술을 통해 여성들이 좀 더 많은 기회에 노출될 수 있을 것이라고 내다봤다. 막연한 우려나 걱정보다 기술이 제공하는 긍정적인 기회에 초점을 맞춰야 한다고 월스트리트 저널 매튜 머레이 국장이 간단히 요약했다. 이들은 코딩 교육 등 변화와 혁신에 대응하는 교육 개혁이 필요하다는 데에 의견을 모았다. 정책 입안자가 좀 더 민간과 공공이 협력할 수 있는 장을 만들어 줄 것을 요구하는 것도 잊지 않았다.

블록체인은 미래를 바꿀 것인가?

블록체인 세션도 때가 때이니만큼 단연 눈길을 끌었다. 2017년에 이어 2018년에도 블록체인 세션은 많은 관심을 받았다. 오버부킹으로 세션에 못 들어온 사람들도 부지기수였다. 테코노미 미디어 데이비드 커크패트릭(David Kirkpatrick) 대표가 '사회를 돌아가게 하는 시스템으로서의 블록체인'이란 세션에 좌장으로 나섰다. 블록체인은 마치 인터넷이 처음 등장했을 때처럼 당장 어떻게 써야 할지 모르겠지만 혁신 기업이 대거 따라붙는 모양새를 보인다. 물론 개인적으로는 하이프(hype) 사이클의 꼭지점을 향해 치닫고 있는 것 같아 보이지만 블록체인의 사상 자체는 매우 훌륭한 발상이다.

블록체인의 컨셉이나 응용 분야는 매우 넓지만 응용 단계로 가기까지 넘어야 할 산이 많다. 블록체인의 핵심원리 중 하나인 분산원장(distributed ledger)은 쌍방 간 신뢰도를 높이는 새로운 거래 방식을 제공한다. 지금까지 거래 당사자들 간 신인도(信認度)가 낮아 거래 비용이 증가하거나, 중간 확인을 돕는 제3의 감수자가 존재한다는 것은 효율과 비용 면에서 좋을 게 하나도 없었지만 지금까지 별다른 대안이 없었다.

다행인 것은 공공 부문에서도 블록체인을 긍정적으로 본다는 것이다. 예를 들어 블록체인은 국제개발기구나 원조 업무를 담당하는 곳에서 효율적으로 사용할 수 있을 것으로 내다봤다. 물류와 공급망을 좀 더 투명하고, 추적 가능한 형태로 만들 수 있을 것이고 또 마이크로파이낸스를 위한 송금, 수신 행위에도 블록체인을 활용할 수 있다. 세션에서는 이 모든 가능성을 열어두고 실제적인 응용 케이스를 토대로 블록체인에 대한 전망과 기대를 풀어나갔다. 블록체인이 가진 사상적/기술적 바탕은 많은 산업이 고민하는 '신뢰'라는 문제에 대한 좋은 해결책을 제공한다. 그리고 기반 컨셉이나 응용 분야에 대한 스토리도 매우 유효해 보인다. 하지만 응용 단계로 넘어오기 위해 넘어야 할 산이 많은 것도 사실이다. 데이비드 커크패트릭 테크노미 미디어의 대표가 좌장으로 나섰던 '사회를 돌아가게 하는 시스템으로서의 블록체인' 세션은 UN세계식량계획 사무총장, 스페이스 타임 벤처캐피털 대표, 에너지 시장에서 신뢰도를 재고하는 일렉트론 플랫폼을 주창한 채다위치 서비스 대표, 블록체인 전도사로 변신한 영 글로벌리더 제니퍼 주 스캇 래디안 파트너스 대표가 함께했다.

콩그레스센터 근처 하드락 호텔에서는 d10e에서 주최한 블록체인, ICO(initial coin offering, 주식 상장(IPO)과 유사한 일종의 암호화폐판 자금 공모), 암호화폐 관련 내용만을 집중적으로 다루는 사이드 컨퍼런스가 열렸다. 또한 다보스와 80킬로미터 떨어진 고급 스키, 휴양지 세인츠 모리츠(St. Moritz)에서도 암호화폐 투자자 관련 컨퍼런스가 열렸다. 확실히 블록체인 분야가 순풍을 만난 배처럼 빠르게 저변을 확대하고 있다. 블록체인이 그리는 미래의 모습은 상당히 긍정적인 측면이 많다. 이런 이유로 2017년에 이어 2018년 다보스 포럼에서 블록체인은 많은 사람들의 입에 오르내렸다. 10여 개 정도 블록체인 관련 행사가 주변에서 열렸고 그곳에 모인 사람들은 대부분

공식 다보스 포럼 참석을 위해 온 사람들은 아니었지만 새로운 기회의 땅을 찾아 나선, 자신의 비전을 열정적으로 소개하는 개발자 출신의 젊은 혁신가들이다. 동료 영 글로벌 리더인 싱가폴 국회의원 출신 영 글로벌 리더 캘빈 청(Calvin Cheng)이나 래디안 파트너스의 제니퍼 주 스캇(Jen Zhu Scott)도 본행사장은 물론 블록체인 관련 부대 행사에도 적극적으로 연사로 참여하는 등 새로운 미래를 만들어 가는 데 열정을 쏟고 있다.

플랫폼 워크포스의 출현

이번 다보스 포럼에서 관심 있게 살펴본 주제 중 하나가 미래의 일자리였다. 월급쟁이가 사라지고 프리랜서의 시대가 온다라던지 대기업이 소멸하고 1인 기업 시대가 도래할 것이다라는 말은 몇 년 전 유행처럼 헤드라인을 장식했다. 자유롭고 창의적인 일을 찾거나 월급 이상의 의미를 자신의 커리어에서 찾고자 하는 사람들은 이런 이야기를 들으면 마음이 뛴다. 최근 인기몰이 중인 유튜버나 파워블로거처럼 개인이 특화된 콘텐츠를 만들 능력이 있거나 차별화된 전문 영역의 서비스를 제공할 수 있는 사람들은 위에서 말하는 새로운 업의 정의가 훨씬 와닿을 것이다. 우리는 시간의 자유와 경제적인 안정을 동시에 추구하는 것이 보다 손쉬워진 세상에 살고 있다. 물론 같이 일하는 사람들에 부대끼고 직장에서 격무를 감당

해야 하더라도 소속된 직장이 주는 정서적인 안정감이나 커뮤니티가 주는 특유의 유대감을 선호하는 사람들도 많이 있다. 여전히 직장인들은 끊임없이 자유를 갈망한다.

자동화와 인공지능(AI) 기술의 등장으로 많은 일자리가 사라지고 있다. 심지어는 인간 고유의 영역이라고 일컬어지던 예술 창작의 영역까지 인공지능 기술이 빠르게 파고들고 있다. 창의성이나 감성도 기술이 모방하는 시대에 살고 있다. 이런 걸 보면서 과연 기계가 대체할 수 없는 일이 있긴 있는 걸까 역설적으로 되묻게 된다. 그리고 신성한 노동과 경제활동을 가능하게 하는 소득을 다가오는 미래에는 어떻게 바라보아야 할까? 그래서 '4차산업혁명의 도래와 기본소득' 같은 주제의 세션이 단연코 나의 눈길을 끌었다. '플랫폼 기반의 노동력'이라는 제목의 세션도 다양한 편의를 제공하는 플랫폼이 급성장하면서 기존 노동시장의 틀을 재정의하고 있는데 의미 있게 살펴볼 부분이었다.

관련 주제에 대해 주도적으로 의견을 내는 연사들의 면면을 살펴보는 것도 흥미롭다. 예를 들어 스테판 카스리엘은 2000년 초반 프리랜서 중계 벤처기업의 대명사인 이랜서(eLancer)와 오데스크(oDesk)가 합병해 탄생한 업워크라는 회사의 대표 이사이다. 그는 '내성적인 엔지니어에서 리더가 되기까지'라는 제목으로 하버드 비즈니스 리뷰에 실린 글의 주인공이기도 하다. 다보스 포럼의 교육, 성, 직업 부문 글로벌 미래 위원회의 공동 의장을 맡고 있기도 한데 그는 이번 다보스 포럼에서 '플랫폼 기반 인적 자원의 힘'이라는 주제로 세계 최대 호텔 예약 플랫폼 중 하나인 부킹닷컴(Booking.com)의 CEO 길리안 탄스와 UN 국제사무직노조 사무총장 필립 제닝스 등과 함께 의견을 나누었다.

개개인의 역량과 여유 시간의 문제이긴 하나 생산성과 업무 효율을 높여 주는 여러 플랫폼의 등장으로 훨씬 더 많은 일을 짧은 시간 안에 마칠 수 있는 세상에 살고 있다. 이미 본업을 능가하는 부업도 생겼고 취미 삼아 시작한 일에서 쏠쏠한 부수입을 올리는 경우도 다반사다. 여러 플랫폼은 일의 단위를 분절화하여 일의 거래가 능동적으로 이뤄질 수 있도록 돕는다. 그리고 시공간의 제약 없이 일에 몰두하고 생산적인 일을 할 수 있는 환경은 우리가 앞으로 직업을 대하는 태도나 직업관을 바꾸는 데 일조할 것이다. 그래서 이 세션에서 노동조합, 사업주, 정치권은 어떤 시각으로 이런 상황을 바라봐야 하는지 기술의 진보나 플랫폼이 제공하는 긍정적인 가치에 역행하는 규제나 문화적인 반감은 무엇인지 살펴보았다.

기본소득 외에도 사회적 안전망, 플랫폼 기반의 인적자원, 그리고 4차산업혁명으로 인해 빠르게 변화하고 있는 직업관에 대해 조금 더 정책적인 관점에서 이야기를 나누는 세션도 있었다. 작년까지 영국 중앙은행 부총재를 지내고 현재 런던 정경대(LSE) 교수로 재직 중인 미노우치 샤픽과 스웨덴 국무총리, 국제노동기구 총재, 세계 최대 인력파견업체 중 하나인 아데코 회장이 패널 토의자로 나섰다. 4차산업혁명으로 인해 빠르게 변화하고 있는 노동시장에 대해 이야기 나눴다. 미래의 일자리 관련 토픽은 다보스 포럼이 심혈을 기울이고 있는 14개의 시스템 이니셔티브의 주요 의제로 다뤄지고 있다.

4차산업혁명이 전반적으로 인류의 삶의 질을 높일 것으로 기대한다. 하지만 인간이 할 수 있는 일들을 인공지능과 자동화 프로세스가 빠르게 대체하기 때문에 도리어 부의 양극화와 소득 불평등을 가속시킬 것이라는 우려 섞인 의견도 시각도 있다. 기술 부익부, 빈익빈 현상을 방지하고 기술 교육을 받지 못한 사람들은 새로운 인력시장에 진입하는 게 더 어려워지는 현상을 사전에 예방하기 위해, 많은 사람들이 직업 시장에서 도태되지 않게 하기 위해 재교육(re-skilling)의 필요성이 포럼에서도 크게 강조되었다.

이런 고민이 처음은 아니다. 1950-60년대 산업화와 공장 자동화가 급속히 진행되면서 사회, 경제적으로 많은 우려를 불러 일으켰다. 미국 린든 존슨 대통령이 발 벗고 나서 블루리본 위원회를 만들어 생산성과 직업 안정성에 대한 문제에 직접 대응하고자 했을 정도였으니까 말이다. 큰 산업 변혁기를 거치면 경제활동의 가장 기본적인 축 중의 하나인 노동에 대한 깊은 고민의 시기를 거친다.

정보통신 기술 기업은 대부분 긍정적인 메시지를 낸다. 마이크로소프트, 인포시스, 머서 같은 기업들은 이번 다보스 포럼 내내 인공지능 등 기술의 진보가 경제 성장을 가속화하고 인류 번영을 이루는 데 큰 도움을 줄 것이라 예측했다. 더불어 환경 문제 해결에도 도움을 주고 헬스케어 시스템을 개선하여 종국적으로는 인류의 삶에 큰 보탬이 될 것이라고 혁명적 시대 변화를 적극적으로 지지한다. 그렇기 때문에 기술을 이미 보유하고 있거나 활용할 수 있는 능력이 탁월한 기업은 4차산업혁명의 파고 속에서 생존하고 지속적으로 번영을 누릴 것이다. 반대로 기술에 대한 접근성이 떨어지거나 혁신의 속도가 느린 기업들은 선두 주자들과 격차가 더 벌어질 수밖에 없을 것으로 예상한다.

IMF는 국가별 노동소득분배율이 하락하는 이유를 기술 진보와 세계화에서 찾고 있다. 생산성 증가율을 임금상승률이 따라 잡지 못하고, 생산성이 증대된 부분도 대부분 자본의 몫으로 돌아가고 있다는 뜻이다. 이런 이유 때문에 몇몇 선진국에서는 지역 단위 경제 통합에 대한 반발이 거세지고 자국 중심의 경제 정책에 무게가 실리고 있다. 미국도 세계화에 역행하고 더 균열된 세상을 만드는 데 일조하는 것처럼 보이고 있

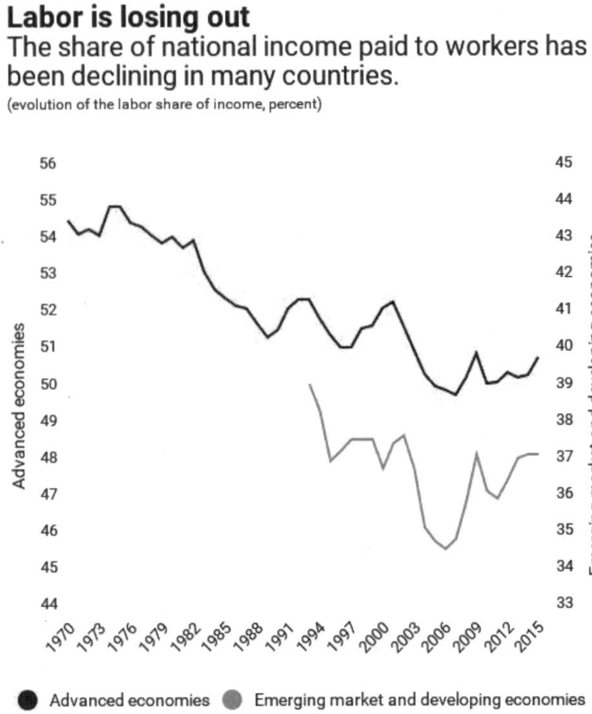

노동소득분배율 © IMF

으니 말이다. 기술의 진보가 아직 미미한 개발도상국은 기술의 진보가 아직 지표에 직접적인 영향을 끼쳤다고 하기에는 다소 무리가 있다. 하지만 기술이 미래의 자본인 만큼 가까운 미래에는 기술이 있는 자와 없는 자로 나뉘고 기술이 있는 집단에게 부가 편중되는 현상이 더 심해질 것으로 예상한다.

이번 다보스 포럼에서는 젊은층 사람들의 고용 문제도 상당히 심각하게 다뤄졌다. GAN(Global Apprenticeship Network)은 2016년 백악관 회의에서 9백만 개의 일자리를 만들 것을 약속했다. 이번 다보스 포럼에서도 20x20x20 GAN 챌린지, 2020년까지 20개 회원국에 2천만 개 일자리를 만들겠다는 목표하에 각국 정상급 리더들에게 적극적인 참여를 요청하는 캠페인을 펼쳤다. 그런데 여전히 많은 나라들이 정규직(full-time equivalent)이라는 잣대로 일자리의 많고 적음을 분류하는 경향이 강하다. 직업에 대한 관점도 일을 하는 방식도 4차산업혁명 시대에는 크게 바뀔 텐데 말이다.

늘어나는 수명, 삶의 질을 높이는 헬스케어

다보스 포럼에서 기후변화만큼이나 자주 등장하는 주제가 헬스케어다. 헬스케어 관련 세션은 늘 사람들로 붐빈다. 실리콘밸리나 보스턴에서 인터넷, 모바일 등 IT 창업으로 과거 크게 재미를 본 창업자나 밴처캐피탈리스트도 나이가 들면서 자연스럽게 바이오/의료 분야에 관심을 두는 것 같다. 아무리 많은 돈을 벌어도 결국 생로병사에 관련된 쪽으로 관심이 가는가 보다. 어느 순간 자신도 건강 문제를 직면하고 발전된 헬스케어의 수혜자가 될 것이라는 기대감 때문에 그럴 것이다.

포춘(Fortune) 매거진의 클리프턴 리프(Clifton Leaf) 편집장이 이끈 세션이 매우 흥미로웠다. 헬스케어 기업의 여러 수장들이 나서 본인들의 사업 영역에서 도대체 어떤 일이 벌어지고 있는지 소개했다. 대략 세 가지 포인트로 정리할 수 있는데, 첫째, 환자 중심 케어 모델의 중요성, 둘째, 지속 가능한 보험 프로그램의 필요성, 셋째, 기술 진보를 통해 의료 혜택이 더 많은 사람들에게 확대될 수 있는 생태계 구축의 필요성이다. 이런 스케일의 일은 절대 혼자서 할 수 있는 일이 아니다. 아무리 기술이 좋아도 여러 이해관계자가 협력하지 않으면 해결할 수 없다. 헬스케어 분야는 매우 복잡다단한 이해관계가 그물처럼 얽혀 있기 때문에 다양한 이해관계자들이 자주 머리를 맞대고 논의를 나눠야 한다.

클라우스 슈밥은 기업, 정부, 시민사회, 종교, 학계 그리고 청년층 등 분야, 지역, 세대를 뛰어넘는 각 영역의 리더가 함께 모여 협력해야 우리가 겪는 많은 문제를 해결할 수 있다고 주장한다. 다중-이해관계자 이론(multi-stakeholder theory)은 다보스 포럼의 밑바탕에 깔려 있는 중요한 사상의 근거를 제공한다. 헬스케어 관련 세션에서 논의되는 것도 이와 같은 다중-이해관계자 이론의 좋은 예이다.

양질의 의료 서비스를 좀 더 저렴한 가격에

2018년 다보스 포럼에서 4차산업혁명과 의료 보건 혁신에 대한 주제를 협의하기 위해 당대 최고 정보통신기술 기업 CEO들을 한자리에 모았다. 스티브 발머의 뒤를 이어 마이크로소프트의 3대 CEO로 올라선 사티아 나델라(Satya Nadella)가 참여한 세션에서는 양질의 의료 서비스를 좀 더 저렴한 가격에 제공하고 더 많은 사람에게 혜택을 돌아가게 하는데 기술이 어떤 역할을 하는지 소개하였다. 노키아의 대표이사, 로열 필립스 회장, 대형 헬스케어 서비스 기업인 센틴의 마이클 니도프 회장, 알버트 부울라 파이저 CEO가 패널 토론자로 나섰다. 뉴욕 타임즈 부편집장이 좌장을 맡아 세션을 진행했다. 그들은 경구 투여 센서부터 인공지능에 도움을 받는 의사들까지 다양한 기술 혁신에 대해 이야기하였고, 양질의 의료 서비스를 좀 더 저렴한 가격에 제공하고 더 많은 사람들에게 혜택이 돌아가게 만드는 데 기술 진보가 어떤 역할을 하는지 쇼케이스를 하는 시간이었다.

나는 2017년 11월, 영 글로벌 리더 차세대지도자 교육의 일환으로 싱가폴국립대 리콴유 정책대학원 연수에 참여했는데 로열 필립스 APAC 헤드쿼터를 방문할 기회가 있었다. 매우 현대적이고 창의적인 업무 공간이 인상적이었는데 정보통신 기술을 적용한 헬스케어 장비의 선진화가 매우 빠르게 진행되고 있다는 인상을 받았다.

이렇게 헬스케어 관련 기술도 빠르게 진화하고 있다. 하지만 여전히 지역이나 국가별 격차가 매우 크다. 규제 때문에도 그렇지만 아직은 고도화되는 헬스케어 기반 인프라나 서비스에 뒤따르는 비용이 매우 높다. 기술을 통해 접근성을 개선하고 효율을 높여 비용을 환상적으로 낮출 수 있다면 더 많은 사람들이 양질의 헬스케어 서비스를 누릴 수 있을 것이다. 질병 치료와 삶의 질 개선에 대한 필요는 인류 보편적 현상이다. 건강한 삶을 모두가 누리는 게 만드는 것은 공유할 수 있는 미래를 만들기 위한 핵심 요소로 모두 힘을 모아 반드시 해결해야 할 문제이다. 이와 같이 기술 진보를 통해 조금 더 나은 삶의 질을 만들어 보겠다는 노력은 앞으로 새로운 기회를 창출할 것으로 보인다.

자원과 에너지, 그리고 기후변화

겨울인지라 오후 4시만 되면 이미 컴컴해지는 다보스이지만 밤늦은 시간까지 이어지는 포럼의 열기는 어느 때보다 뜨겁다. 자연보호와 에너지 그리고 기후변화 관련 세션의 열띤 토론은 포럼장을 더 뜨겁게 달군다. 2018년 다보스 포럼 공동의장이자 전 세계 15만 명 이상을 고용하고 있는 다국적 에너지 기업 엔지(Engie)의 CEO 이자벨 쾨허(Isabelle Kocher)가 참여하는 '에너지 안보' 세션도 많은 관심을 받았다. 국제에너지기구 사무총장, 세계 최대 태양광 패널 생산자 중 하나인 트리나솔라 회장, 영국계 다국적 유틸리티 회사인 센트리카 회장, 카타르의 에너지 산업부 장관이 함께 모여 각자의 의견을 나눴다. 석유 관련 제품의 의존도가 낮아지면서 빠르게 변화하고 있는 에너지 안보에 대한 담론과 신흥 주자에 대한 전망이 이어졌다. 세계 최대 에너지 소비자에서 최대 생산자로 빠르게 이동 중인 중국의 약진이 특히 인상적이었다.

기후변화에 대해 이야기하면 빠뜨릴 수 없는 한 인물이 있는데 바로 앨 고어(Al Gore) 전 미국 부통령이다. 정계 퇴임 후 국제적으로 환경 운동을 펼치고 있다. 더불어 실리콘밸리에서 가장 영향력 있는 벤처캐피털 회사인 클라이너 퍼킨스의 파트너로 새로운 삶을 살고 있다. 더불어 $12B 규모의 제너레이션 인베스트먼트 매니지먼트 회장을 겸하고 있는데, 이 회사는 지속 가능성과 환경에 끼치는 영향 등을 분석해 투자 여부를 결정하는 ESG(envinronment, sustainability, governance, 환경, 사회적영향력, 지배 구조) 투자 펀드이다. 그는 다보스 포럼에서 극심한 기후변화의 위험에 대해 세계가 어떻게 대응해야 하는지에 대해 여느 때처럼 목소리를 높였다. 앨 고어는 오랫동안 기후변화 전도사 역할을 자처한 인물로 다보스 포럼에서 기후변화의 위험성을 널리 일깨우고 장기적으로 국가와 기업들이 어떻게 대응해야 하는지, 전 지구적 환경 복원력을 키우기 위해 모두 함께 힘을 모아야 할 것을 다시금 강조하였다.

그는 다보스 포럼에서 세계 최대의 재보험사 중 하나인 스위스 리 그룹 대표와 에티오피아의 국무총리, 차드 토착여성과 국민연합의 총괄 코디네이터와 함께 모여 앉아 극심한 환경 리스크에 대해 어떻게 세계가 공동 대응해야 하는가에 대해 토론했다. 남아공 출신으로 CNBC 아프리카의 총괄 편집국장을 맡고 있는 브론윈 닐슨(Bronwyn Nielsen)이 좌장을 맡았다. 앨 고어는 미국 부통령 재임 시절부터 오랫동안 기후변화 전도사 역할을 자처한 인물이다. 그동안 주장해왔던 것들의 연속선상에서 실행을 강조하는 앨 고어 특유의 에너지를 느낄 수 있었다.

디지털의 핵심 원료는 결국 전력

마지막 날 아침 열린 '파워링 디지털 이코노미(Powering digital economy)' 세션도 흥미로웠다. 참석 전에는 세계적인 환경 운동 단체 그린피스 제니퍼 모건(Jennifer Morgan) 사무총장이 연사에 이름을 올려 다소 의아하다고 생각했는데, 막상 이야기를 들어보니 매우 적절한 선택이었다. 암호화폐 채굴 등 디지털 기술의 확산으로 전력 소모가 급증하고 있는데 과연 우리 모두 이런 상황에 잘 대비하고 있는지 짚어보는 시간이었다.

역설적이지만 디지털 이코노미의 핵심은 전력

미리 예습도 했는데 제목만 보고 참석했다가 기대와는 달리 문맥 그대로 디지털 경제를 위한 에너지 공급에 관한 이야기가 전개되는 것을 보고 함께 참석한 분들과 함께 헛웃음을 지었다. 이렇게 가끔은 예상치 못한 세션을 만나는 것도 다보스의 큰 재미이다. 또 세션에서 언급된 내용처럼 디지털과 전력 수급은 떼려야 뗄 수 없는 관계인데 나는 그것을 간과하고 있었다.

한 예로 2018년 라스베이거스에서 열린 CES(국제전자제품박람회)에서 갑작스러운 폭우로 초유의 정전 사태가 일어났다. 아무리 인공지능, 자율 주행차, 블록체인 등 새로운 기술이 발달하여도 제일 기본적인 유틸리티, 즉 전력이 없으면 아무것도 할 수가 없다. 디지털 경제가 소비하는 탄소 배출량은 자동차 산업이 소비하는 것과 맞먹는 수준으로 커졌다. 전체 소비량의 자그마치 7%에 육박한다. 그리고 당연한 이야기겠지만 그 양은 더욱 많이 늘어날 전망이다. 이를 대비해 산업계에서 발 빠르게 대응하고 있다. 애플이나 구글, HP는 신재생에너지에 이미 많은 투자를 하고 있다. 각국 정부도 마찬가지이다. 그래도 민간에서 일어나는 변화의 속도가 호흡이 긴 정부의 노력보다 좀 더 가시적이다. 참석한 연사들은 정책 입안자들이 좀 더 포괄적인 인센티브로 신재생 에너지에 대한 정책을 마련해야 한다고 입을 모았다.

기술과 보편적 윤리

2018년 초에 있었던 CES에서 엔비디아 젠슨 황 대표는 자율 주행차의 브레인 역할을 하는 자사의 GPU 칩을 대대적으로 홍보하면서 테슬라 일론 머스크와 함께 실리콘밸리의 혁신의 아이콘으로 어깨를 나란히 했다. 둘의 협력으로 생각보다 빠른 시일 내에 우리 주변에서도 자율 주행차를 보게 될 것 같다. 이미 구글에서도 테스트 중인 자율 주행차의 누적 시운전 거리가 320만 킬로미터(200만 마일)를 넘어섰다. 자율 주행차

자율주행차의 미래를 이끌어 가는 엔비디아 젠슨 황과 테슬라의 일론 머스크 © NVIDIA

관련 뉴스가 나올 때마다 운전하면서 즐길 수 있는 게임이나 미디어 콘텐츠, 엔터테인먼트 관련 주가가 들썩일 정도다. 이렇게 최근 자동차 관련 기술 혁신의 속도가 남다르다. 대형 동력원과 배터리를 상시 장착하고 다니고 있어 정보 기술을 접목하기에 더 없이 좋아 보인다. 소비자로서 자율 주행차는 상상만 해도 즐겁다.

그런데 막상 이렇게 매력적인 자율 주행차가 다보스 포럼에서는 기술의 진보와 윤리적 문제를 다루는 세션에서 주요 재료로 도마 위에 올랐다. 혁신적인 창업 기업가와 해당 분야를 비판적인 시각으로 보는 학계, 정책 전문가들 간 줄다리기는 당분간 상당히 팽팽하게 진행될 것 같다. 우버에 2만 4천대 자동차 공급 계약을 체결한 볼보의 마틴 룬트슈데트 회장과 국제 운송 사업자 연합회 총재인 스티븐 코튼이 함께 논의의 시간을 가졌다. 자율 주행차 영역에서도 소유보다 공유를 선호하는 공유 경제 생태계가 발전하면서 파생되는 여러 이슈들에 대해 어떻게 대응해야 할지 깊은 논의를 나누었다. 결론적으로 정부의 적극적인 참여나 선행적인 규제가 필요하다고 사업자들은 입을 모았다.

또 다른 세션에서도 기술의 윤리적 가치에 대해서 다른 각도로 이야기를 나눴다. 세계적인 제품 디자인 컨설팅 회사인 IDEO의 창업 대표인 팀 브라운이 진행한 '기술에 탑재하는 윤리적 가치: 디자인 단계에서부터'라는 세션은 옥스퍼드대 경영대학원 교수와 스탠퍼드대 인공지능 연구소 센터장, 그리고 개발도상국에서 IT와 인터넷 연결 보급 사업을 펼치고 있는 넷호프 대표가 함께 기술의 진보와 윤리, 인류의 보편적 가치에 대한 의견을 나눴다. 요약해보면 인류의 보편적인 가치와 긍정적인 습관을 자동화 기술이나 인공지능에 잘 담아낼 경우 그 가치는 더 극대화될 것이다라는 의견을 냈다. 여러 외부적 요인에 취약한 인간의 습성이 빠르게 발전하는 기술에 여과 없이 반영되고 답습될 경우 도리어 반대급부가 더 클 것으로 예상했다.

이에 대한 해결책을 모색하기 위해 기술 개발 단계에서 효과적으로 인류의 보편적 가치를 기술에 접목할 수 있는 방법을 살펴보았다. 예를 들어 인공지능 관련 사업을 선점하기 위해 여러 기술 기업들이 개별적으로 많은 투자를 하고 있다. 일부 연사들은 인공지능이 의사결정 과정에 도대체 어떻게 영향을 미치는지 투명하게 보여 줄 것을 요청하였다. 심지어 이를 위해 기업들이 인공지능 알고리즘을 공개하도록 제도적 기준을 마련해야 한다는 제안도 있었다. 의사결정권자와 사용자 간 피드백 루프(feedback loop)를 만들어 양자 간 균형과 견제 기능을 잘 정착시키는 것도 중요하다. 이와 같은 논의들은 비단 자율 주행차에만 국한된 내용이 아니다. 기술 진보로 인해 파생되는 여러가지 윤리적 문제에 대해 되짚어 보고 공동 대응 방안을 마련해 보려고 노력하는 자세는 2018년 다보스 포럼의 공유할 수 있는 미래 만들기라는 주제와 일맥상통한다.

'비트+블록+포크'라는 블록체인 관련 세션도 가상화폐 이전에 거래를 형성하는 사람들 간의 신뢰와 인간의 보편적 윤리에 대해 되짚어 보는 시간이었다. 영 글로벌 리더로 선정된 디브야 세샤나미 그리스피어 캐피탈 대표와 세계적 컨설팅사 BCG와 IDEO를 거쳐 체인의 창업 대표가 된 애덤 러드윈, 여성 최초로 미국 국무 장관을 지낸 매들린 올브라이트의 수석 보좌관을 역임한 제이미 스미스, 그리고 아파치 웹 서버 등 다양한 오픈소스 기술을 개발해 디지털 경제 발전에 크게 기여한 브라이언 벨렌도프 리눅스 재단 대표가 함께 진행한 세션이다. 그들의 결론을 간략히 살펴보면 결국 사람을 앞서는 기술은 없으며, 있어서도 안된다. 왜냐하면 인간이 모든 도덕적 규범과 윤리, 기술적 가치의 시작점에 서 있기 때문이다.

세계적으로 디지털 사업을 하기 가장 좋은 국가로 빠르게 발돋움하고 있는 에스토니아의 대통령과 예일대 역사학 교수가 펼치는 대담도 눈여겨볼 만했다. 다양한 정치적 혼란의 소용돌이 속에서 잘게 쪼개진 불확실한 정치적 상황을 극복하고 공유될 미래를 위해 펼치는 에스토니아의 전략 과제에 대해 되짚어 보는 시간을 가졌다. 인접 국가들의 정치적 압박, 그리고 중국의 영향력 확대 등 다양한 상황을 직면하고 있는 국가이지만 인터랙티브 맵과 데이터 시각화 등을 이용해 장기적인 관점에서 동유럽 국가들을 어떻게 봐야 할지 인사이트를 제공했다. 디지털을 지렛대 삼아 국가 브랜딩을 진행하고 있는 에스토니아는 매우 인상적이다.

4차산업혁명과 기술의 진보가 반드시 선의의 결과를 가지고 오지 않을 수도 있다라는 내용을 전제로 진행한 토론 시간도 있었다. 인공지능으로 무장한 드론이나 바이오텍 기술의 진보는 인류에게 단기간 혜택을 제공할지 몰라도 무한한 혜택을 주지 못한다고 주장한다. 판단을 배제한 급격한 자동화는 잘못하면 어족이나 핵심적인 식량 곡물 자산의 씨를 말릴 수도 있는데 이런 위험성을 간과하지 말라고 강조한다. 세계적인 과학 혁신 매체인 와이어드 매거진이 공동 진행한 해당 세션은 니콜라스 톰슨 편집장이 좌장을 맡았다. 듀크대 인간과 자동화 연구소 소장, 유엔 해양 문제 전권 특사, MIT 신경과학 교수가 패널 연사로 나섰다.

2018년 다보스 포럼의 공동 의장 여성 7인 중 민간 부문을 대표하는 지니 로메티 IBM 회장은 파편화된 세상에서 데이터에 대한 책임을 논하는 세션에 직접 패널로 나섰다. 사모펀드 비스타 에쿼티의 로버트 스미스 대표가 세션 진행을 맡았고, 뉴욕 초대형 병원 중 하나인 뉴욕장로병원 시스템의 대표이사, 취리히 보험의 대표가 데이터 중에서도 가장 민감한 데이터인 건강, 의료, 보건 관련 데이터를 디지털이 보편화되는 세상에서 어떻게 다룰 것인지 의견을 나눴다. 이해관계자간 정보의 흐름을 막지 않으면서도 개인 정보의 수호자 역할을 해야하는 여러 기관장들의 고충을 잘 반영한 세션으로 특히 데이터 보안을 전문적으로 관리할 새로운 역량의 인재상이 필요하다는 의견을 냈다.

AI의 미래와 지배 구조

벨베데르 호텔에서 블룸버그가 주최한 부대 행사에서는 AI

블룸버그 주최 런치 미팅에서 참석자들이 열띤 포럼을 펼치고 있다.

와 지배 구조에 대한 흥미로운 주제를 다뤘다. 며칠간 내리던 눈이 그치고 펼쳐진 다보스의 아름다운 경치와 신선한 공기를 잔뜩 머금고 시작된 블룸버그 오찬 행사는 시종일관 밝은 분위기에서 진행되었다. 방송인 출신으로 여성 임팩트 디너를 수년간 이끌고 있는 티나 브라운, BCG의 CMO인 미키 츠사카, 그리고 나디야 스와로브스키 부부 등 VIP 손님들이 많이 찾았는데, 블룸버그에서 준비한 부대 행사는 연사나 구성 면에서 다보스 포럼 본행사 못지않게 매우 훌륭했다.

기업 지배 구조, 특히, 프로페셔널 이사회를 운영하는 법과 의장의 역할에 대해서는 이미 수십 년간 경험을 쌓은 분들, 예를 들어, 블룸버그 회장 피터 그라우어, 부동산 기업 JLL의 실라 렌로즈 회장 등이 나서 유익한 의견을 나눴다. AI의 미래에 대해서는 인도 최대 IT 서비스 기업 HCL의 회장, 씨 비제이쿠마, 이베이 대표 데빈 웨닉, 슈나이더 일렉트릭의 쟝-파스칼 트리쿠아 회장 등이 연사로 나섰다. AI가 버블의 꼭지점에 와 있다라는 의견이 있었는데 우후죽순 생긴 수많은 AI 관련 기업들이 한바탕 정리가 되고 나면 정말 명품 AI 기업, 그리고, 직접적인 가치를 창출하는 AI 기업들이 등장하지 않겠냐는 조심스러운 전망을 냈다.

최근 우버 CEO로 취임한 다라 코스로샤히는 단독 인터뷰 세션을 펼쳤는데, 그동안 우버에서 일어났던 여러 사건 사고들에 대해 겸손히 인정하는 자세를 취하면서 우버 내부에서 어떤 변화를 만들어 가야 하는지 본인의 의견을 피력했다. 다만, 다양성에 대한 질문에 대해서는 여전히 다소 남성 중심적인 시각으로 과거지향적인 발언을 하여 몇몇 여성 참석자들의 고개를 갸우뚱하게 했다. 내 개인적인 사견이지만 우버 전 대표인 트래비스 칼라닉이 사임하고 더 마초적이고 공격적인 캐릭터의 CEO가 온 게 아닌가 싶었다. 우버 이사회는 만만치 않은 곳이다. 그래서, 다양한 이해관계를 수렴하기 위해 더 강력한 추진력과 교섭 능력을 가진 CEO가 필요했을 것이다. IPO를 위해서도 전방위로 뛰어다닐 열정적인 리더십이 어느 때보다 필요한 때이다. 다라 코스로샤히가 과연 과거 익스피디아에서 보여준 마법을 어떻게 재연할지 그리고 시장은 그를 어떻게 평가할지 지켜볼 부분이다.

변화의 소용돌이

CNBC 제프 커트모어 앵커가 금융계의 거물을 모아 놓고 진행한 '글로벌 금융 시스템 다시 만들기'라는 제목의 세션도 흥미로웠다. 참석하는 사람들의 면면도 뛰어나다. 리스크 관리 시스템을 기반으로 세계 최대 자산운용사로 발돋움한 래리 핑크 블랙록 회장, 도이치방크의 폴크 아크라이트너 회장, 2018년 다보스 포럼의 공동 의장이자 IMF의 수장인 크리스티앙 라가드, 그리고 런던정경대 교수이자 중국의 떠오르는 파워 엘리트 진커위 교수 등이 둘러 앉아 가상화폐 등 파괴적인 변화를 직면하고 있는 국제 금융 시스템에 대해 민간, 공공 그리고 규제 당국에서 어떻게 대처하고 있는지 이야기 나눴다. 연이어 개발 금융에 관한 세션도 열렸는데 국제 개발에 있어서 필수적인 수단인 금융의 역할과 빠르게 변화하고 있는 위상에 대해 이야기 나눴다. 서로 베스트 프랙티스(모범 답안)를 공유하기 위해 모인 시간 같았다. 콜롬비아 재무부 장관, 유럽 EBRD 의장, 월드뱅크 대표이사, 중남미에 특화된 미주 개발은행 대표, 그리고 인베스텍과 구겐하임 등 민간 부문 자산운용사 수장이 함께 참여했다.

브랜드 회생에 성공했다고 평가받는 LEGO의 존 굿윈 최고 경영책임자가 참여한 학습 혁신에 관련된 세션도 흥미로웠다. 과거 부모님 세대에서 장난감은 노는 것이라는 인식에서 메이커스 운동이 전 세계적으로 확대되면서 놀면서 학습한다라는 새로운 경험이 우리 삶 가운데 깊숙이 자리잡기 시작했다. 특히 학습 원재료도 여러 사람들이 제작에 참여하고 공유하는 크라우드 소싱이 각광을 받고 있는데 증강현실 전문기업 업스킬의 공동 창업 대표, 다트머스대의 디지털 인류학 교수 등이 세션 토의자로 참여했다.

'시민, 도시, 그리고 기후변화'라는 주제의 세션은 주제가 방대한 만큼 참여하는 사람도 2018년 다보스 포럼 세션 중 가장 많은 패널이 참여했다. 한시간 동안 이 많은 사람들이 짧게라도 이야기를 하다보니 정말 시간이 빨리 지나갔다. IKEA 그룹 대표 예스퍼 브로딘과 소고기를 사용하지 않지만 더 소고기 같은 버거의 맛을 구현한 임파서블 푸드의 창업 대표 패트릭 브라운이 눈에 띈다. UN 기후변화협약 총재, 유틸리티 공급 및 폐기물 처리 전문 기업 수에즈 대표, 태양광으로 작동하는 항공운송수단을 만들고 있는 솔라 임펄스 대표, 에콰도르의 수도인 키토 시 시장, 가나의 가톨릭 추기경 등이 참여했다. 이날 세션 진행을 맡은 중국 국영 중앙방송 리수안은 다양한 이해관계자들이 총출동한 만큼 발언자들 간 밸런스를 맞추는 데 역시나 탁월한 능력을 발휘했다.

기초과학의 힘, 성장 자극점 찾기

세계적인 기초과학 연구를 촉발시켜 장기적인 혁신 과제와 상업화로 연결해 나가는 과정을 소개하는 세션도 있었다.

노벨 화학상 수상자 벤 페링가, 유럽연합에서 $13B 유로를 굴리며 각종 기초과학, 학술 투자를 진행하고 있는 ERC(유럽연구이사회) 장-피에르 부르기뇽 대표, 세계 최대의 화학 회사인 BASF의 부회장 겸 CTO 마틴 브루더뮐러, 세에리카 본 무티우스 독일 뮌헨 루트비히-막시밀리안 대학 교수, 그리고 플레밍 온스코프 샤이어 인터내셔널 CEO 등이 함께 모였다.

제약, 바이오 등 호흡이 길고 실패 위험률이 높은 프로젝트에 투자하고 혁신을 지속하는 비법은 장기적인 정책 투자를 추진하는 사람들에게 매우 유익한 시사점을 던진다. 장단기 비전을 토대로 오랫동안 기초 연구의 수호자 역할을 해왔던 공공, 민간 부문 대표들이 생산성이 높은 연구 풍토를 조성하는 한편 과학자들과 투자자들 간의 가교 역할을 하는 비법과 연구 단계에 있는 혁신을 빠르게 시장에서 상업화하는 방법을 소개했다.

고체 표면 위에 부착했을 때 한쪽 방향으로만 회전하는 나

노 분자 모터를 개발한 공로로 노벨 화학상을 공동 수상한 네덜란드 흐로닝언 대학의 베르나르트 페링하 교수와 사이언티픽 아메리칸 편집장 마리엣 디크리스티나의 좌담회도 흥미로웠다. 노벨상을 수상한 사람의 과학적 성취가 아니라 한 인간으로서 창의적이고 영향력이 높은 발견을 해나가는 일련의 과정들을 소개하며 참석자들에게 많은 영감을 주었다. 그것은 정말이지 일종의 소명 의식 같은 것이고 나에게도 큰 감명을 주었다.

머신 러닝 관련 세션으로 프린스턴대 총장이 주관하는 바이오와 디지털 네트워크의 복호화(deciphering)에 관한 세션도 어려운 토픽이지만 주목을 받았다. 뇌의 신경망을 도식화하고 그것을 기반으로 한 인터넷 망의 구조를 다시 한번 살펴보고, 효과적인 머신 러닝을 위한 기본 전제 자체를 탈바꿈하고자 기울이는 노력들에 대해 관련 분야 전문가들을 모아 놓고 이야기를 나눴다. 한국계 서배스천 승 프린스턴대 교수가 패널로 참여하였고, 요람 싱어, 제니퍼 렉스포드 등 스타 교수가 연사로 참여했다. 브리스톨대 광양자 연구소 디렉터 제레미 오브라이언이 토의를 이끌었다.

문화도 무기가 될 수 있다

세계적인 첼리스트 요요마(Yo-Yo Ma)가 패널로 참석한 '무력으로 발전하는 문화'라는 세션도 흥미로웠다. 요요마는 2008년 크리스탈 어워드 수상자이며 U2 보노와 더불어 다보스 포럼에서 활발한 활동을 펼치고 있는 파워 문화예술계 인사 중 한 명이다. 그가 참여한 세션에서는 민족우월주의와 문화적 쇠퇴라는 관점에서 총성 없는 문화 전쟁의 일면을 살펴보고 포퓰리즘과 토착 문화 그리고 국가의 문화 통제 정책 등 다양한 이슈에 대해 토의했다. 저명한 사회학자이자 베스트셀러 작가인 UC 버클리대 교수 알리 호흐실드(Arlie Russell Hochschild)와 스웨덴 문화민주주의 장관 알리세 바 쿤케(Alice Bah Kuhnke) 등이 함께한 이 세션은 NBC 후원으로 포럼 공식 페이지와 유튜브를 통해서도 방영되었다.

정치적 모범 답안

차별적인 언어나 행동을 피하는 '정치적 모범 답안'에 관한 세션도 있었다. 한국계 패널이 참여해 더 눈에 띄었다. 현재 싱가폴에 거주 중인 영 글로벌 리더 강소영 노우비(Gnowbe) 대표이다. 강소영 대표는 유펜과 하버드 경영대학원을 거쳐 맥킨지, 시티그룹 등에서 일했고, 변화관리 전문 컨설팅 기업 어웨이큰 그룹을 창업하여 파트너로 재직하고 있다. 노우비는 기업형 교육 플랫폼 사업을 제공하고 있는 스타트업 기업이다. 이미 ADB(아시아개발은행), AIA보험 및 유수의 대학들이

고객사로 있는 전도유망한 기업이다. 타임지 정치부 기자인 몰리 볼이 좌장을 맡았고, 하버드대 심리학과 교수, 교육 관련 비영리재단인 스트라이브투게더 디렉터가 함께 토론에 참여하였다. 패널들이 함께 토론한 내용은 지식인들 사이에서 정치적 편향을 드러내지 않기 위해 직접적인 논쟁을 피하고 모범 답안 같은 대답을 던지는 풍토를 꼬집은 것인다. 사회가 직면한 여러 문제들을 정면 돌파하기 위해 수동적인 정치 태도가 어떤 악영향을 미치는지 지적했다. 또 다른 세션 제목 중 Going Rogue라는 말이 눈에 띄는데, 번역하자면, 자신이 속한 조직의 표준을 어기고 독자적으로 정도를 벗어나는 행동을 하는 것을 일컫는 말이다. 뭔가 뚝심이 있는 행동처럼 들릴 수도 있지만 오히려 자기 멋대로 하는 다소 부정적인 의미도 함께 내포하고 있는 말이다. 어찌 되었건 정치에 모범 답안이 어디 있겠는가? 두리뭉실하게 피하지 말고 담대하게 문제를 직시하고 돌파하라고 다보스 포럼은 주문한다.

배움은 행동에서 나오며 리더십은 선택이다. 우리는 과감한 실행과 시행착오 속에서 더욱 더 강인한 리더로 자랄 수 있다. 더 많은 사람들과 폭넓게 공감하고 개개인이 가진 기량을 최대한 펼칠 수 있도록 돕는 게 리더의 역할이다. 다른 사람을 섬기면 역설적으로 리더가 된다. 다보스 포럼이 이야기하는 리더십이 바로 이런 것이다. 자신의 관점을 용기 있게 이야기하고 다른 사람의 의견을 경청하며 서로 새로운 공통점을 찾기 위해 대화를 이어간다. 이런 경험을 계속 만들다 보면 함께 과감한 행동으로 옮길 수 있는 힘이 생긴다.

다보스 포럼은 이렇게 정말 많은 콘텐츠를 제공한다. 시간의 여유가 있다면 더 많은 세션을 경험하고 그 기록을 남기고 싶지만 포럼의 콘텐츠 외에도 공식/비공식으로 진행되는 사업 일정들이 많고 또한 세션들 간에도 많은 경우 8-10개가 동시간대에 돌아가는 정황상 모든 포럼 세션에 참석하는 것은 불가능하다. 그래도 관심 있게 살펴보는 주제에 대해 짬을 내어 참석할 수 있도록 노력하고, 정 직접 참관이 어려울 경우 주최 측이 라이브 현장 중계나 녹화해서 송출하는 포럼 세션을 추후 다시 한번 찾아 볼 수 있다. 실제로 일부 세션들에 대한 기록은 나도 참석 이후 사무실에 돌아와 좀 더 여유를 갖고 정리 하였다. 일단 한 번 만들어진 콘텐츠들이 이렇게 공유되고 디지털 스페이스상에서 널리 퍼져 나가는 것은 매우 고무적인 현상이다. 포럼에서 오고 갔던 이야기들이 오랫동안 보존되고 널리 전파될 것이기 때문에 다보스 포럼에서 오고 가는 이야기들의 무게감이 더 크게 느껴진다.

글로벌 경제에 큰 타격을 미칠 수 있는 여러 지정학적 이슈들이 세계 곳곳에 도사리고 있다. 어느 것 하나 풀기 쉬운 문제가 아니다. 집권 2기를 맡고 있는 중국 지도부와 여전히 좌충우돌 중인 미국 집권층에서 내보내는 메시지나 정책 방향도 균열된 세상을 만드는 데 기름을 붓고 있다.

2018년 다보스 포럼은 시의적절하게 위기와 기회를 직시하려고 노력한 흔적이 보인다. 그리고 전년도 포럼에서 한 단계 더 발전된 모습을 보여준다. 인류가 기술의 진보를 충분히 컨트롤 할 수 있는지 강한 문제 의식을 갖는 것도 매우 인상적이었다. 다보스 포럼에서는 이렇게 4차산업혁명 등 디지털, 기술 관련 세션 외에도 다른 거시적인 주제들에서도 위기와 기회에 대한 균형 감각을 폭넓게 적용하려고 애썼는데 이 모든 협의를 내 나름대로 굳이 한 단어로 정리해 본다면 신뢰라는 문제로 직결된다. 모든 논의들이 결국에는 '어떻게 하면 지구 공동체가 서로에 대한 신뢰를 토대로 지속 가능한 세상을 함께 만들어 나갈 것인가?'라는 큰 질문에 대한 답을 찾아나가는 과정처럼 보였다.

3장 다보스에서 만난 사람들

2018 다보스 포럼은 포럼 역사상 가장 많은 60명의 국가 정상급 지도자들이 찾은 포럼으로 기록되었다. 트럼프 미국 대통령을 필두로 실질적으로 올해 포럼의 키노트를 담당한 인도 모디 총리, 그리고 느지막히 참석이 확정된 테레사 메이 영국 총리와 열정으로 똘똘 뭉친, 자랑스러운 영 글로벌 리더 동기, 프랑스 마크롱 대통령, 독일 메르켈 총리 외에도 이라크 하이더 알 아바디 총리, 벤자민 네타냐후 이스라엘 총리, 또 일부러 시간을 내 영 글로벌 리더와 면담을 했던 파키스탄 대통령까지 모두 언급할 수는 없지만 각양각색의 정상급 지도자들을 단일 시간 단일 장소에서 만날 수 있는 것은 색다른 경험이었다.

모디 총리와 트럼프 대통령

2017년 다보스 포럼의 문을 연 키노트 연사는 시진핑 중국 국가주석이었다. 그 뒤를 이은 2018년의 연사가 과연 누구일지 상당히 궁금했다. 키노트 연사는 막판까지 조율하는 경우가 많고, 또 보안상의 이유로 다보스 포럼 개최 직전까지 비밀에 부쳐지는 경우가 많다.

2018년의 주인공은 바로 인도 나렌드라 모디(Narendra Modi) 총리였다. 신흥시장(emerging market)으로 안정적인 성장을 유지하려면 정치 역시 성숙해야 한다. 강인한 리더십의 상징, 모디 총리의 키노트를 한 줄로 요약하자면 이렇다. 다보스 포럼은 모디 총리의 키노트 스피치를 통해 균열된 세계에 희망이라는 메시지를 주고자 한 것 같다. 하지만 중국과 더불어 초대형 인구 대국이자, 다양한 소수 민족이 공존하는 인도의 지금 상황은 그렇게 희망스럽지만은 않다.

다행히 모디 총리는 장밋빛 전망으로 인도를 포장하지 않았다. 다만 2014년 집권 이후 자신이 시행한 화폐 개혁과 부가가치세 개혁 등을 통해 인도가 점점 기업을 경영하기 좋은 환경으로 변하고 있고 성장도 지속될 것이라고 강조했다. 기후변화, 테러 그리고 세계화로 인한 반대급부 등에 대해서도 균형 잡힌 시각으로 담담하게 이야기를 풀어나갔다. 이 문제는 인도뿐 아니라 전 세계가 직면한 어려움이기도 하다.

모디 총리는 많은 사람들이 이슈를 제기만 할 뿐 필요할 때 행동에 나서지 않는 것에 대해 아쉬움을 표했다. 자국 이해관계를 최우선으로 하고 국제사회 공조에는 뒷걸음치는 미국을 보란 듯이 꼬집는 말이다.

트럼프 트라이엄프

모디 총리가 다보스 포럼의 문을 열었다면 문을 닫는 역할을 한 것은 도널드 트럼프 미국 대통령이었다. 유례없이 다보스 포럼 공식 일정 마지막 날 트럼프 대통령의 연설이 예정되었다. 2018년 다보스 포럼은 '공유할 수 있는 미래' 만들기가 핵심 주제였는데 어찌 보면 이것과 가장 어울리지 않는 인물이 바로 트럼프 대통령이 아니었을까? 트럼프 대통령의 다보스 포럼 참석 결정과 키노트 연설은 많은 사람들의 우려를 샀다.

그래도 미국의 영향력은 어쩔 수 없는지 이번 다보스 포럼의 주인공은 단연코 트럼프 대통령이라 할 수 있다. 다보스 포럼 개막 전부터 트럼프는 화제의 중심에 있었다. 연방 예산안 합의가 이뤄지지 않아 연방 정부 셧다운(shutdown) 사태가 있었던 터라 포럼 참석이 어려울 것이라는 전망도 만만치 않았지만 트럼프 대통령은 다보스에 아무 일도 없었다는 듯이 당당하게 등장했다.

선거 전부터 워낙 많은 화제를 몰고 다닌 사람이고, 정치인

트럼프와 슈밥, 이 악수의 의미는 무엇일까 © Fabrice Coffrini

이라기보다는 방송인에 가까운 그의 돌발적인 이미지 때문에 포럼 전부터 정말 많은 사람들의 입에 오르내렸다. 포럼 공식 일정 이틀 전부터 별도 행사를 위해 모인 영 글로벌 리더들 사이에서도 트럼프는 단연 화제의 중심에 섰다. "도대체 왜 오느냐", "연설 보이콧 하자"라는 등 의견이 분분했다. 슈밥 교수도 이런 반발을 감지했는지 트럼프 참석에 대해 그래도 세계화를 기치로 내건 이런 곳에 직접 얼굴을 드러내고 참여한다는 것 자체가 트럼프 입장에서는 진일보한 선택이라며 긍정적인 지지 의견을 더했다.

그가 도착하자마자 쏟아진 박수와 야유. 그다지 환영받지는 못하는 듯해도 여전히 모든 이목을 집중시키는 데 부족함이 없다. 특유의 행동과 트윗들 외에도 집권 2년차를 맞는 트럼프 대통령이 전격적으로 다보스 포럼 참석이 확정되면서 많은 언론의 관심을 받았다. 참석 확정이 전 세계로 타전되던

날 1억 건이 넘는 미디어 노출이 있었을 정도다. 하지만 그의 자극적인 언변과 태도 때문에 그럴까? 트럼프 대통령의 참석을 반대하는 시위도 다보스 곳곳에서 잇따랐다.

공유할 수 있는 미래를 그리기 위해 포럼 기간 내내 긍정적인 방향으로 열심히 양몰이를 했는데 어찌 보면 주제와 가장 어울리지 않는 인물인 트럼프 대통령을 그것도 포럼 마지막 날 오후에 편성해 놓았다. 트럼프의 유명세와 과거 미국 대통령과는 사뭇 다른 상당히 독특한 캐릭터 때문에 진공 청소기처럼 포럼 전체 토픽을 빨아들이는 모습을 유감없이 보여 주었다. 다보스 포럼을 수년간 참석한 사람의 말을 빌리면, 포럼 마지막 날은 전날 파티와 귀국 일정 때문에 세션 참석률도 저조하고 전반적으로 어수선하다고 한다. 그런데 마지막 날 트럼프의 등장으로 이 풍경이 사뭇 달라졌다. 트럼프 대통령의 편의를 최대한 봐준 것이겠지만 나에게는 다보스 포럼 창립자 슈밥 교수가 정교하게 계획한 신의 한 수처럼 보였다.

유명 록스타 콘서트를 방불케 할 정도로 연설 수 시간 전부터 포럼 행사장 중 가장 큰 콩그레스홀 로비에 사람들이 줄을 서기 시작했다. 나도 행여 입장 자체를 못할 수 있다는 위기감 때문에 일단 함께 줄을 섰다. 사우디 아라비아에서 특별 제공한 다보스 마지막 뷔페가 행사장에서 제공 중이었는데 행여 줄을 놓칠까봐 일행 중 한 분이 음식을 계속 실어 날라다주고 그걸 서서 받아 먹으며 그렇게 한두 시간을 기다려 연설이 열리는 콩그레스홀에 들어섰다. 참석자들이 연세가 많으시고 대부분 품위 있는 분들인데도 어찌나 밀고 밀리던지 도대체 모두 외치던 연설 보이콧은 어디로 간 걸까?

트럼프 대통령의 연설은 예상 외로 담담하고 상당히 부드러운 톤으로 진행되었다. 15분의 연설을 한마디로 정리하면 미국 제일주의(America first)이다. 요약하면 미국은 더 위대해질 것이고 투자자들은 자기를 믿고 투자해 달라는 것이다. 어릴 적 보고 자란 할리우드 영화의 대미를 장식했던 미국 만세를 보는 것 같았다. 감세안을 통해 해외로 사업장을 옮긴 많은 미국 기업과 해외 기업들이 미국으로 되돌아올 것이라고 강한 자신감을 보였다. 더불어 끊임없이 러브콜을 보내며 미국에 직접 투자나 일자리 창출을 약속하는 기업인들을 언급하며 그 액수가 많건 적건 간에 뿌듯해 하는 그의 모습을 보면서 그를 선택해준 미국 유권자와 자국의 이익에 충실한 한 명의 사업가 출신 정치인의 단면을 볼 수 있었다. 미국은 이런저런 이유로 위대하고 앞으로 더 위대해질 것이므로 모두 믿고 투자하라. 우리는 우리대로 잘살 테니, 너희는 너희 대로 잘살 방법을 찾으라는 투이다. 역시 트럼프답다. 하지만 중국 경제부총리로 지명되었고 이번 중국 참석자들 가운데 최고위 관료로 참석한 리우허가 열 페이지 가까이 정성스레 써온 연설문을 낭독하며 세계 속에서 중국의 위상과 역할을 재정립하기 위한 노력과 비교가 되는 부분이다. 마크롱 대통령이나 모디 총리 또한 세계화에 편승하여 공동 번영을 외친 데 비해 트럼프의 미국은 오늘도 '마이 웨이'이다.

트럼프 연설에는 대단한 박수 갈채도 야유도 없었다. 누군가 일어나서 항의하는 모습을 은근히 기대했는지도 모른다. 하지만 그런 드라마는 없었다. 그러기에는 다보스 포럼 참석자들이 너무 점잖다. 프롬프터(연사들이 연설문을 참조할 수 있게 설치되어 있는 스크린)를 연신 바라보며 연설을 쭈욱 이어나가는 트럼프의 집중력에 한 번 놀랐고, 부동산 개발 및 카지노 사업으로 부를 일군 그가 마치 자신의 사업을 이야기하는 것처럼 미국을 홍보하는 모습에 또 한 번 놀랐다. 그래도 그의 연설에서는 미국에 대한 강한 자부심을 느낄 수 있었다. 다보스 포럼 역사상 의장대 사열을 받으며 등장한 최초의 대통령으로 기록될 트럼프는 전형적인 쇼맨십의 대가이다. 황제도 아닌데 왜 저러냐라고 강하게 비판하는 사람, 다보스 참석 20년 만에 저런 장면은 처음이라 혀를 차시는 분들도 있었다. 미국 대통령 재선을 염두에 둔 듯 정견 발표에 가까운 그의 연설은 세계 무대에서 큰형님 같은 '미국의 역할'을 기대했던 많은 사람들에게 실망감을 안겨주었다.

트럼프 대통령은 다보스를 떠나면서 트위터에 스위스 다

보스에서 매우 흥미로운 이틀을 보냈다라고 올리면서 미국의 경제 부흥에 대한 자신의 연설이 호평을 받았다고 자평했다. 또 많은 사람들이 미국에 투자하게 될 것이라고 호언장담하였다 워낙 자극적인 언변에 능한 사람이기 때문에 많은 사람들이 나처럼 무엇인가 큰 '한 방'을 기대했을지도 모른다. 북한과 팽팽한 기싸움을 이어오고 있는 데다 평창 동계올림픽을 코앞에 앞두고 있으니 그의 말에 시선이 몰리는 것은 어찌보면 당연한 일일 것이다. 트럼프는 그의 내각과 백악관의 에이스 장관들과 스타 참모들을 다보스에 대거 이끌고 와서 미국 세일즈에 열을 올렸다. 그의 행보에 대해 맞다 틀리다를 따지기 전에 트럼프를 지금 그 자리에 있게 한 미국 유권자들의 표심 속에서 급속히 변화하는 미국의 시대정신을 읽는다.

그는 연설 서두에 밝힌 것처럼 트럼프는 머리부터 발끝까지 사업가이다. 사업가는 공공의 이익보다는 기업, 정확히는 자신의 이익을 최우선으로 한다. 어찌 보면 자신의 모습에 가장 충실한 모습을 보여준 게 트럼프다. 다보스 포럼 참석은 그동안 그가 보여준 세계화에 역행하고, 미국의 이익을 중시했던 기조와 배치되는 면이 없지 않다. 하지만 트럼프는 그의 캐비넷에 속한 에이스 장관들을 대거 데리고 와서 미국 세일즈에 열을 올렸다. 한쪽으로 너무 강하게 기울면, 또 반대쪽으로 기우는 힘도 강해지기 마련이다. 양쪽의 힘이 너무 팽팽하면 자칫 부러질 수도 있다. 어찌 보면 그게 지금 우리가 사는 세상, 즉, 급격하게 균열되고 있는 세상의 주원인이 아니겠는가. 모두가 공감할 수 있는 공통분모를 찾는 게 시급하다.

트럼프 연설 직후 사람들은 다보스를 떠날 채비를 위해 썰물처럼 자리를 떴다. 당연히 후속 진행되는 세션들은 참석률이 저조할 수밖에 없었다. 세계 경제 전망이라는 세션이 트럼프 연설 직후 편성이 되어 있었는데 케리 람 홍콩 행정장관, 영국 중앙은행 총재, 크리스티앙 라가드 IMF 총재 등이 연사로 나섰다. 하지만 썰물처럼 빠져나가는 사람들을 붙잡기에는 역부족이었다.

세계 무대에 선 한국인들

프린스턴대 서배스천 승(Sebastian Seung, 한국명 승현준) 교수는 2010년 TED 컨퍼런스에서 큰 화제를 모았다. 그가 주창하는 커넥톰(Connectome) 이론을 통해서였다. 커넥톰은 뇌의 연결망을 지도처럼 표현한 것으로 인간의 정신, 기억, 성격이 어떻게 뇌에 저장되고 활용되는지 밝힌다. 은하계보다 1,000배 더 촘촘하게 연결된 뇌의 신경망에 관한 커넥톰 이론을 통해 서배스천 승 교수는 인간이 인간일 수 있도록 만드는 신경조직망에 대한 심층적 고찰과 커넥톰을 활용한 응용 분야를 그의 강연에 치밀하게 담아냈다.

서배스천 승 프린스턴대 교수의 커넥톰, 인공지능 연구의 새로운 조류를 만들고 있다

다보스 포럼에서는 콩그레스센터 메인 행사장에서 열리는 전체 회의부터 십여 명의 사람만이 참여하는 소규모 살롱 이벤트까지 다양한 규모의 세션이 열린다. 서배스천 승 교수의 세션이 진행된 사이언스 허브는 규모는 작지만 세션 리더와 참석자가 더 많은 교감을 나눌 수 있는 곳이다. 다른 세션에 비해 질문도 많았고 강연자가 전문성을 살려 즉각적인 대응을 하는 게 관전 포인트였다.

서배스천 승 박사는 하버드대에서 '선과 면에 대한 물리학'

이라는 제목의 논문으로 박사 학위를 받았고, 하버드대에서 박사 후 과정(post doc)을 했다. 이후 벨 랩과 MIT의 연구원과 교수직을 거친 후 프린스턴대에 안착했다. 여러 분야를 넘나드는 뛰어난 학문성과 어려운 주제를 쉽게 전달하는 능력으로 많은 주목을 받는 한국계-미국인 학자다. 한국말도 무척 잘한다. 최근 삼성전자는 AI 역량 강화를 위해 서배스천 승 박사를 전격 영입하였다.

또 다른 주목받는 한인 과학자인 MIT 김상배 교수도 다보스를 찾았다. 바이오 로봇에 대한 세션을 단독으로 진행했는데 네 발로 빠르게 움직이는 로봇을 만들어 완벽한 인공 다리 구현에 한 걸음 다가섰다고 평가받았다. 이 기술은 재난구조 등에 활용될 예정이다. 기술적 성과가 단순히 흥미유발을 넘어서 앞으로 진화할 모습이 어떨지 매우 기대된다. 참고로 김상배 박사는 MIT에 둥지를 틀기 전 스타트업의 CTO로 창업전선에 뛰어든 경험이 있다. 서배스천 승 교수처럼 기술에 대한 설명을 청중에게 전달하는 능력이 뛰어나 좋은 반응을 얻었다.

수년 전 UCLA를 1년 6개월 만에 졸업해 화제를 모았던 한인 이민자 양귀리 라이프가이드 대표도 눈에 띈다. 이번 다보스 포럼 글로벌 셰이퍼 자격으로 다보스를 찾았다. 글로벌 셰이퍼는 영 글로벌 리더와 함께 다보스 포럼에서 관리하는 차세대 리더 커뮤니티로 선정 당시 30대 이하 연령대를 타깃으로 한다. 양귀리 대표가 창업한 라이프가이드(LifeGyde)는 헬스케어 사회적 기업으로 정신 건강과 치유를 돕는 서비스다. 민족 간 대이동 이슈를 다루는 세션(Bridges vs. Borders: The Migration Dilemma)에서 헝가리 외무부 장관, 피플 포트폴리오 창업자, 유니비전 앵커와 함께 무대에서 올라 이민자로서 본인의 경험을 진솔하게 들려주었다.

반기문 전 UN 사무총장과 함께 동시대 또 다른 세계적 국제기구의 수장으로 올라선 한인이 있다. 바로 세계은행 짐 김(Jim Yong Kim, 한국명 김용) 총재다. 김용 총재는 의사 출신으로 한국인으로서는 처음으로 미국 아이비리그 대학 중 하나인 다트머스대 총장이 된 입지전적인 인물이다. 김용 총재는 '21세기 사회적 합의'라는 세션에서 콜롬비아 대통령, 스위스 내무부 장관 등과 함께 인류의 삶과 질이 기술의 진보나 경제 발전에 역설적으로 반비례하는 상황을 살펴보고, 다음 세대가 어떻게 하면 좀 더 평등한 삶을 살 수 있을지 어떻게 하면 공동의 이익을 위한 사회적 합의를 이끌어 낼 수 있을지 토의했다.

세런디피티, 우연한 발견의 즐거움

다보스 포럼의 최대 장점 중 하나가 바로 짧은 시간에 많은 만남을 가질 수 있다는 것이다. 15–20분 정도 오고 가면서 짧게 이야기 나누는 미팅에서부터 장시간 준비 끝에 성사시켜 깊은 논의를 나누는 미팅까지 미팅의 스펙트럼이 다양하다. 얼굴을 보고 이야기하는 게 관계를 맺는 데 제일 효과적인 방법이라는 걸 부정할 사람은 많지 않을 것이다.

음식을 나누다 보면 훨씬 더 이야기가 부드러워진다. 다보스 포럼에서의 식사는 격식 있는 호텔에서 진행되기도 하고, 스탠딩 뷔페 스타일로 간단하게 제공되기도 한다. 부지런히 일정을 따라 움직이다 보면 음식이 코로 들어가는지 입으로 들어가는지 알 수가 없다. 그래도 다 먹고 살자고 하는 일인데 식사를 거를 수 없다. 음식을 받기 위해 줄을 서 있거나 식사를 위해 오고 가는 자리에서 마주친 사람과 나누는 짧은 대화가 의외로 새로운 관계의 물꼬를 터 주는 경우도 종종 있다. 늘 음식 주변에는 사람들이 모이는 법이다.

다보스 포럼에서는 세런디피티 모먼트(serendipity moment), 즉 우연한 발견의 즐거움이 있다. 점심을 기다리며, 행사장 간 미끄러운 빙판길을 함께 걷던 중 이야기를 나눴던 사람과 가까운 친구가 되거나 사업 파트너로 발전했다는 이야기를 종종 듣는다. 나는 다보스에서 약 30분 셔틀을 타고 이동해야 하는 클로스터(Klosters)에 숙소를 잡았던 관계로 셔틀 안에서 다양한 사람을 많이 만났는데 이들과 나눈 짧고 굵은 대화 덕에 지루한 줄 몰랐다. 특히 이번 포럼에는 눈이 많이 와서 상당히 오랫동안 길에 서 있고 서행하는 경우가 많았는데 그 덕분에 이런저런 이야기를 참 많이 나눈 것 같다. 모두들 세계 정상급 지도자들이나 기업체 최고위층임에도 소탈하고 한 셔틀을 탄 동질감 때문인지 서로 장난도 치면서 다보스를 오고 갔다. 참고로 다보스 포럼에서 제공하는 셔틀은 수시로 다보스 시내와 클로스터를 다니며 주요 거점 대 거점으로 사람들을 실어 나르는 역할을 하는데 고급 밴 같은 느낌의 9인승 차량이고 무척 쾌적하다.

아침 명상 모임에 참여하거나 스키를 타면서 만나는 인연도 있다. 다보스 포럼 기간 중 아침마다 열리는 명상의 시간도 있다. 의외로 많은 것을 성취하고도 정신적 공허함 때문에 마음고생하는 지도자가 꽤 많다고 한다. 분주하게 진행되는 다보스 포럼 기간 중 마음을 비우고 하루를 경건하게 시작하고자 하는 사람들을 위한 프로그램이다. 참고로 2018년 다보스 포럼에서는 8,500개의 지부를 보유한 세계적 명상 지도자인 자얀티 카르팔라니(Jayanti Kirpalani)가 프로그램을 진행했다. 이 밖에도 '워크-라이프 밸런스', '스트레스 컨트롤'과 같은 제목을 가진 프로그램도 있었는데 정상급 지도자들과 파트너들에게 각자 필요에 맞게 거시적인 토픽 외에도 세션 선택의 폭을 넓혔다.

꼭 사람과의 만남을 위해서가 아니더라도 설원에서 즐거운 시간을 보낼 수도 있다. 그것도 다보스는 스위스 최고의 스키 리조트 타운 아닌가. 스키 등 다양한 액티비티 활동이 포럼 참가자를 기다린다. 고가의 비용을 지불하고 다보스까지 와서 무슨 명상이냐 스키냐 하겠지만 이런 활동들도 비즈니스의 연장 선상에 있다. 의외로 많은 명사들을 마주칠 수 있는 기회다. 영 글로벌 리더 동료 중 한 명은 스키 슬로프에서 우연히 알파벳(구글의 지주회사) 회장 에릭 슈밋(Eric Schmidt)을 만나 많은 이야기를 나누었다고 한다. 실제로 큰 기업의 오너 패밀리들이 행사장에서 세션들을 모두 챙겨 들을 정도로 학구적이지만은 아닐 것이다. 그들은 필요한 미팅을 가고, 관심 있는 세션을 챙겨 듣고, 초대받은 저녁 파티에 참석하며 중간중간 짬을 내어 스키를 타거나 설경을 바라보며 혼자 조용히 머리를 식히는 것이 전혀 이상한 일은 아니다.

아예 다보스의 설산 위에서 열리는 특별 프로그램도 있다. 이번 포럼에서는 F1 챔피언 피에르 가슬리(Pierre Gasly)가 진행하는 '압박을 극복하는 법'이란 특별 프로그램이 있었는데 다보스 행사장 주변 니더호른(Niederhorn)에서 열렸다. 니더호른은 상당히 고지대이고 케이블카를 타고 올라가면 있는 산 정상에 있다. 오고 가는 시간까지 거의 4시간을 할애해야 하는 관계로 부득이 참석하지는 못했지만 마지막 날 파티에서

다보스 정상에서, F1 챔피언 피에르 가슬리가 함께했다 © Hinsta Performance

만난 프로그램 오거나이저 제임스 휴잇을 만나 대략 어떤 분위기로 진행되었는지는 들을 수 있었다. 실제 레이싱 카 VR 시뮬레이션을 통해 F1 운전자가 겪는 상황을 가상으로 체험해보고 순간적인 판단을 요하는 극심한 스트레스 상황을 레이싱 선수들은 어떻게 극복하는지 알려 주었다고 한다. 갈 수 없어 아쉬웠지만 이렇게라도 후속 이야기를 들으면 만족할 수밖에….

끝으로 포럼 기간에는 크고 작은 매체가 많은 연사들을 인터뷰하는 장면을 행사장 곳곳에서 목격할 수 있다. 여기서 귀

동냥하는 재미도 쏠쏠하다. 좋은 질문이 있는 곳에는 좋은 답변이 있기 마련이다. 본질을 꿰뚫는 질문과 그 질문에 현명한 답을 하는 연사들의 인터뷰 현장은 언제나 흥미롭고 우연한 기회에 많은 것을 배울 수 있는 좋은 기회이다.

크리스탈 어워드, 메시지 그 이상의 가치

2018년 다보스 포럼의 공식 프로그램은 총 4일간 운영되었다. 공식 포럼 시작 전날 저녁 일정은 전야제 성격이 강하다. 식전 행사는 문화, 예술 분야에 지대한 공헌을 한 사람들에게 수여하는 크리스탈 어워드 시상식과 특별 공연으로 꾸려진다. 크리스탈 어워드와 특별 공연은 다보스 포럼 창립자의 아내인 힐더 슈밥의 손길이 많이 묻어나는 행사인데 힐더 슈밥은 평상시 문화 예술계 인사들과 교류가 많고 그녀가 다보스 포럼에서 가장 공을 많이 들이는 행사 중 하나이다. 최근 크리스탈 어워드 수상자를 살펴보면 라틴계 팝 가수 샤키라(2017), 바이올린 연주자 안네-소피 무터(2017), 그리고 영화배우 레오나르도 디카프리오(2016), 중국 배우 야오 첸(2016) 등이 있다.

2018년 다보스 포럼에서는 엘리자베스여왕 2세, 반지의 제왕으로 친숙한 케이트 블란쳇과 영국을 대표하는 가수 엘튼 존, 인도의 국민 배우 샤룩 칸이 크리스탈 어워드를 수상

2018년 크리스탈 어워드 수상자, 인도 국민 배우, 샤룩 칸 © Fabrice Coffrini

했다. 여왕, 강인한 여성 지도자 이미지로 우리에게 각인되어 있는 배우 케이트 블란쳇이 상을 수상하게 된 배경은 다보스 포럼 최초로 공동 의장을 전원 모두 여성으로 꾸린 것과 무관하지 않아 보인다. 샤룩 칸은 '내 이름은 칸'이라는 영화에서 무슬림이라는 이유로 살해당한 아들을 위해 '무슬림이 모두 테러리스트는 아니다'라는 메시지를 미국 대통령에게 전하기 위한 긴 여정을 떠나는 아버지의 역할을 연기했다. 난민이나 이민자들에 대해 한층 더 강도 높은 경계의 시선을 보내는 국가들에 대해 은연중에 던지는 메시지가 있다.

식전 행사를 위해 이번 다보스 포럼 특별 공연에 라 스칼라 수석 무용수인 로베르토 볼레가 라 스칼라 체임버 오케스트라와 함께 무대에 섰다. 비발디의 사계와 탱고를 재해석한 현대무용 공연을 다보스에서 초연했다. 로베르토 볼레는 2009년 영 글로벌 리더로 선정되기도 하였고 최고 전성기를 구가하고 있어 이번 공연은 많은 사람들의 기대를 모았다. 우리에게 친숙한 음악과 정갈한 군무로 다보스 포럼의 전야제를 아름답게 장식했다. 연이어 오프닝 리셉션에서는 오랜만에 만나는 사람들, 그리고 다보스를 처음 찾은 사람들이 편안하게 음식을 나누며 이야기를 나눈다. 2018년 다보스 포럼의 오프닝 리셉션은 올해 포럼의 키노트 연설을 맡은 모디 총리와 인도 정부가 후원했다. 인도 음식의 다양한 향신료만큼이나 각양각색의 사람들이 어울려 세계화를 논하는 다보스 포럼은 이렇게 첫날 일정을 시작한다.

중국의 신흥 엘리트

오랫동안 벤처캐피털 일을 했던 내게 다보스 포럼 연사들 중 가장 눈에 띄는 연사를 한 명 꼽으라면 바로 엑셀 파트너스의 짐 브레이어이다. 그는 페이스북에 최초로 투자했던 벤처캐피털리스트이다. 실리콘밸리의 대표적인 중국통으로 알려져 있기도 하다. IDG 캐피털 펀드 등을 통해 오랫동안 중국 기술 기업에 투자해 왔다. 현재 21세기 폭스사와 세계적인 사모펀드 블랙스톤의 이사회 멤버로도 활동 중이며 트럼프 행정부의 교통부 장관으로 재직 중인 중국계-미국인 일레인 차오의 남편이기도 하다. 그는 수많은 중국 기업에 투자하며 중국의 신흥 부호를 육성하는 데 크게 기여했다.

또 다른 눈에 띄는 인물은 동료 영 글로벌 리더이자 카르티에, 몽블랑 등을 보유한 세계 3대 럭셔리 재벌 중 하나인 리치몬트(Richemont) 그룹의 이사회 멤버로도 활약 중인 런던정경대 진커위 교수이다. 진커위는 AIIB 진리춘의 딸이기도 하고 이번 다보스 포럼에는 아버지와 동반 참여하였는데 아버지는 아버지대로 딸은 딸대로 많은 주목을 받고 있는 전도유망한 젊은 석학이다. 럭셔리 회사 이사라는 직함 때문에 그렇게 보일 수도 있지만 패션 센스도 뛰어나고 말 그대로 최고의 엘리트 교육을 받고 자라서 귀티가 넘친다. 음악적인 재능도 뛰어나고 거기에다가 아름답기까지 한 진커위는 중국 신흥 엘리트의 전형을 보여준다. 오고 가며 커뮤니티 라운지에서 만나 여러 가지 이야기를 많이 나눌 수 있었던 것은 행운이었다. 공식석상에서 보여주는 그녀의 샤프하고 논리정연한 모습과는 다르게 굉장히 털털하고 미국적인 사고관을 지녔다. 그래도 다보스 포럼이 갖는 무게 때문이었을까? 어린 나이에 상당히 무거운 주제의 세션을 여러 개 맡아 상당히 부담되는 눈치였다.

짐 브레이어, 진커위와 더불어 중국 개발학의 대가 북경대 저스틴 린 교수, 덩샤오핑 후손들이 소유하고 있고 100개가 넘는 국영기업 자회사를 갖고 있는 차이나 폴리 그룹의 수니 안샤 회장, 중국 최대의 여행 기업 시트립의 공동 창업자 회장인 제임스 량과 칭화대 주닝 학장, 그리고 홍콩 중문대 류민강 리서치 펠로우 등이 패널로 나서 급성장하는 중국의 사회 경제적 인프라의 변화에 대해 이야기 나누고 그로 인해 파생되는 다양한 이슈들을 짚었던 시간도 있다. 금융 시장의 리스크와 정책 관련 자문 등 다양한 연구 활동을 펼치고 있는 국제 금융 연구소(IIF) 소장 티모시 아담스가 그의 뛰어난 언변으로 중국의 문호-개방 정책 시행 후 30년을 맞는 중국의 위상이 어떻게 바뀌어 왔는지 소개하고 중국이 경제 성장과 기후 변화, 환경 보호 등 여러가지 대내외 이슈들에 대해 어떻게 대응하고 있는지 패널들과 되짚어 보았다.

중국의 주요 경제 지표와 전망 그리고 금융 시스템에 관해 장기적으로 중국이 국제 사회에 어떤 영향을 끼칠지 살펴보기도 했다. 만에 하나 중국의 성장 지표가 조금이라도 예상에서 빗나갈 경우 세계 경제에 미치는 파장이 무척 클 것으로 전망했다. 중국 내 자산 가치의 버블이나 급증하는 채무와 잠재적인 디플레이션, 그리고 중국 통화의 글로컬라이제이션 이슈까지 매우 광범위하게 다뤘는데 매우 실질적인 이야기들이 많이 오고 갔다. 중국식 문제 해결 방식에 대한 우려를 표명하는 사람들도 다수 있었다. 중국 경제 대통령이라 불리며 경제 관료로서 영향력이 급부상 중인 리우허가 이번 다보스 포럼에서 진행한 연설과 비교해볼 때 큰 틀에서는 비슷한 내용이었다. 비록 중국식 해법이지만 실리를 중시하는 중국이 경제 시스템을 국제 표준에 맞춰 좀 더 투명하고 정교하게 만들고, 빠르게 선진화하겠다는 내용이었다. 어찌되었건 세계 경제는 이미 중국의 막강한 영향력 안에 들어왔고 중국이 자국 내에서 기울이는 노력이나 예상되는 앞으로의 변화가 세계 경제에 끼치는 영향이 클 것이라는 것은 자명한 사실이다. 여전히 중국이 경제까지 포괄하는 슈퍼파워로 등극하는 데 넘어야 할 산이 많지만 머지않은 시기에 다다를 것으로 예상한다.

앞서 언급한 리우허는 대외활동을 거의 하지 않던 인물이다. 시진핑 국가주석 집권 2기를 맞이하며 중국 경제 정책의 밑그림을 그린 사람으로 칭송받고 있다. 이번 다보스 포럼 중국 참석자들 가운데 가장 높은 정부 관료였다. 시진핑의 학교 동창이자 가장 신뢰하는 사람 중 한 사람이라고 알려져 있는데 그는 하버드 케네디 스쿨을 졸업한 엘리트이다. 이번 다보스 포럼에서 10여 페이지가량 정성스럽게 써온 연설문을 중국어로 찬찬히 읽어 내려갔다. 이 연설을 통해 국제 사회에서 중국의 역할론 강화와 중국 경제 시스템의 현대화를 천명했다.

매일 중국 관련 굵직한 세션이 하나씩 있다는 건 참 부럽다. 중국은 여전히 기회의 땅이다. 그리고 경제 전망, 인프라 관련 토픽부터 소비 시장까지 여러 분야에 걸쳐 다양한 주제의 세션이 열릴 수밖에 없을 정도로 다이내믹한 성장이 남다르다. 동료 영 글로벌 리더이자 800조의 자금을 굴리고 있는 세계 최대 국부 펀드 중 하나인 CIC의 윈스턴 마 뉴욕대 겸임교수와, 오랫동안 아시아 신흥 시장에 투자해 오고 있는 아시아 얼터너티브 레베카 수, 그리고 중국 기업인인 이너 몽골리아 이리 인더스트리얼 그룹 대표 쟝지안치우, 터자인 테크&디자인 판 링 대표, 그리고 메릴랜드 대학 아닐 굽타 전략, 세계화, 기업가 정신 프로그램 센터장 등이 함께 모여 중국을 다양한 각도로 들여다보았다. 동료 영 글로벌 리더인 차이나 글로벌 TV 네트워크의 티앤 웨이가 진행을 맡았다. 이 세션의 핵심적인 내용은 2030년까지 세계 소비 시장의 가장 큰 격전지로 발돋움할 중국의 위상과 빠르게 변모하고 있는 소비 환경, 특히 디지털로 대변되는 신세대들의 소비 패턴 변화에 대해 짚어 보는 시간이었다.

실제로 위챗, 알리페이로 대변되는 중국의 디지털 경제는 세계 어느 곳보다 진화의 속도가 빠르며 또한 사용자 저변도 매우 빠르게 확대되고 있다. 사업 모델도 빠르게 발전하고 있다. 개인화된 서비스도 확대되고 있으나 프라이버시 문제는 점점 더 심각해지고 있다. 중국 정부의 대책은 아직 의문투성이이다. 하지만 소비자들의 변화는 빠르다. CIC의 윈스턴 마는 최근 모바일 경제와 관련된 저서를 출간하는 등 투자자이기 전에 해당 분야에 대한 깊은 애정과 이해도를 바탕으로 활발한 저술, 강연 활동을 펼치고 있고 디지털 생태계의 변화에 대해 누구보다도 자세히 설명해주었다. 해당 세션은 다보스 포럼의 주요 시스템 이니셔티브 중 하나인 미래의 소비 부문에 대한 주제 하에 진행했고 관련 부문 대표를 맡고 있는 자라 잉길지안(Zara Ingilizian)이 함께했다.

세션을 고르기 전에 프로필 열람은 필수

나는 개별 세션이 무엇을 다루느냐에도 관심이 많지만 누가 나오느냐를 파악하는 데 훨씬 더 많은 공을 들인다. 그래서 책을 고를 때도 제일 처음 보는 부분이 저자의 프로필이고 그 다음 목차나 개요를 본다. 세션에 참가하는 연사의 이력을 살피는 일은 언제나 흥미롭다. 명성을 떠나 정말 좋은 연사가 누구일지 미리 가늠해보고 그 다음 그들이 다루는 토픽이 그들의 전문성과 얼마나 연관성이 높은지 그리고 시의적절한 토픽인지 미리 따져본다.

일정에 한계가 있으니 매체에 이미 노출이 많이 된 사람과 오랫동안 팔로우했던 분들은 어떤 이야기를 할지 대략 감이

오기 때문에 굳이 세션을 챙겨 듣지 않는다. 물론 예외는 있다. 개개인으로는 별로 새로울 게 없지만 어떤 연사들은 어떻게 조합을 했느냐에 따라 그 다이내믹이 매우 궁금한 경우가 있다. 이런 경우 주제가 어떤 방향으로 튈지 모르기 때문에 매우 흥미진진하고 좋은 구경을 놓치지 않기 위해 세션에 가급적 직접 참가해본다. 이런 세션은 관객의 호응도도 매우 높다.

가장 눈에 많이 띄는 인사는 세계적 기업의 회장, 국제기구 대표, 국가정상급 인사들인데 이와 더불어 지식과 전문성으로 무장한 저명한 교수들의 세션도 매우 흥미로운 게 많다. 다보스 포럼은 MIT, 하버드, 예일, 프린스턴, 스탠포드, 옥스포드 등 27개 세계 유수의 대학과 파트너십을 체결하고 글로벌 대학 리더스 포럼(Global University Leaders Forum, 혹은 약어로 GULF)을 운영한다. 국내에서는 카이스트가 유일한 멤버로 활약 중이며, 서울대도 다보스 포럼과 협력을 확대 중이다. 포럼 어젠다를 정할 때 GULF에 속한 대학들에 많은 자문을 구한다. GULF 소속 대학은 아직 상용화 단계에 다다르지는 않았지만 잠재력이 큰 과학 기술 연구 분야를 다보스 포럼이라는 미디어 플랫폼을 통해 전 세계에 공유하고 참석자들의 공감대를 얻기 위해 애쓴다. 다보스 포럼도 다소 학술적으로 보일 수 있는 대학의 콘텐츠를 정책이란 앵글에 자연스럽게 담아내며 여러 비전문가들도 쉽게 소화할 수 있도록 다양한 각도로 지식을 큐레이션한다.

지식의 최전선에 있거나 노벨상을 받은 스타 학자가 나누는 삶의 스토리는 늘 사람들의 이목을 집중시킨다. 이번 포럼에서는 각각 노벨경제학상을 받은 바 있는 로버트 실러(Robert J. Shiller) 예일대 교수와 크리스토퍼 피사리데스(Christopher Pissarides) 런던정경대 교수, 그리고 조지프 스티글리츠(Joseph Stiglitz) 컬럼비아대 교수가 한 자리에 모여 최근 급속한 성장으로 사회 경제적으로 파장이 큰 암호화폐를 비롯한 다양한 경제 문제를 놓고 열띤 토론을 펼치기도 했다.

여전히 다보스 포럼을 통해 만난 사람들을 뒤돌아 보면 아쉬운 점이 하나 있다. 창업 기업가들이 추진하는 역동적이고 새로운 사업을 이야기할 수 있는 기회와 공간이 너무 열악하다. 포럼 참석 전 가졌던 나의 기대와는 다르게 혁신적인 창업 기업가들을 만날 기회는 거의 있지 않았다. 창업 기업가들의 목소리는 비록 덜 정제되어 있고 거칠게 들릴지라도 누구보다 더 생동감 있는 이야기를 전할 수 있는 능력이 있다. 일론 머스크처럼 혁신적인 스타 창업자가 직접 나선다면 상황이 좀 나아질까? 참고로 이번 다보스 포럼에는 일론 머스크의 형인 킴벌 머스크가 참석했다. 다보스 포럼에도 판을 뒤흔들 수 있는 역동적인 게임 체인저(game changer)가 절실하다.

4장 다보스 포럼을 통해 얻은 교훈과 과제

실행, 전진 앞으로

이렇게 매년 큰 판이 벌어지니, 포럼 이후엔 실행을 위한 노력이 매우 중요해 보인다. 그런데 역설적으로 큰 화두는 던져졌으나 실행은 요원해 보인다. 크레디트 스위스가 주최한 만찬 환영사에서 자산관리 부문 대표 이크발 칸(Iqbal Khan)은 'No More Bullshit'이라고 강조해서 말했다. 거친 말이지만 20-30대로 구성된 대부분의 참석자는 별 상관하지 않았다. 이런 표현을 쓰면서까지 강조하고자 했던 것은 많은 사람들이 다보스에서 선언적으로 협력을 약속하지만 다보스를 떠나면 액션이 없는 상황이 빈번하다는 것이다. 그렇다. 중요한 것은 실행이다. 이크발 칸은 다보스에 모인 사람들, 특히 젊은 사람들이 변화의 바람을 일으킬 것을 주문했다. 누군가 '나를 따르라'라고 외쳐주길 기다릴 수 있다. 그리고 어찌 보면 실행은 어렵지 않다. 존중하고 내가 잘할 수 있는 것, 다른 사람에게 도움이 될 수 있는 일에 매진하다 보면 서로에게 유익한 공동의 선에 다다를 수 있기 때문이다. 그만큼 우리는 말보다 실행에 옮기는, 즉, 행동가들을 갈망한다.

예를 들어 '비전 2030—의사결정자들을 위한 제언'이라는 제목의 세션은 행동의 부재라는 비판에 맞서고 실행 방안을 도출하기 위한 브레인스토밍 세션으로 진행되었다. 마스터카드 회장 샤미나 싱, 나이어 우즈 옥스포드대 정치학 교수 등 5명의 소그룹 리더들이 참석자들과 조를 이뤄 몇 가지 이슈들에 대해 브레인스토밍하고 해결책을 제안하는 세션이었다. 양성평등, 기민한 정부 구조, 플랫폼 워크포스 등 이번 다

다보스 포럼에서 자주 등장하는 그림 스케치를 이용한 브레인스토밍 기법

보스 포럼에서 많이 논의되었던 주제들을 간략하게나마 정리할 수 있는 유익한 세션이었다. 나는 모교인 뉴욕대 마이클 포스너 경영대학원 교수가 진행한 양성평등에 관련된 세션에 참석해 여성에게도 동등한 교육 기회를 제공하고, 정부에서 교육에 대한 세제 감면 및 인센티브 등을 적극 고려하는 안을 제시하고 의견을 나눴다.

다보스 포럼 참석자는 누구보다 새로운 지식을 접하고 싶어하고 새로운 목소리를 내는 사람을 만나고 싶어 한다. 마이크로소프트 창업자인 빌 게이츠(Bill Gates)와 알리바바의 창업자인 마윈(Ma Yun)도 다보스 포럼을 매년 찾지만 이미 많이 미디어에 많이 노출된 인물이라 별로 새로울 게 없다는 평가를 받는다. 예를 들어 빌 게이츠는 '세계 건강을 위한 새로운 시대의 도래'라는 세션에 참여해 전 세계 의료 서비스의 격차를 줄이기 위해 노력할 것을 강조했다. 마윈은 '전자상거래의 활성화: 소규모기업과 글로벌 플레이어'라는 좌담에 참여해 어떠한 디지털 정책이 고속 성장 기업에 이익을 가져다줄 수 있는지 논의했다. 이미 다른 매체와 행사에서 자주 이야기했던 내용의 연장선상에 서 있다. 그래서 오히려 미디어에 잘 노출되지 않은 사람이 열성적으로 프레시 뉴 보이스(fresh new voice)를 제시하거나 많은 사람이 간과하고 있던 부분을 예리하게 짚으면 상당히 반응이 좋다.

기업가 정신은 공공 부문이나 사회 전반에 걸친 문제 해결에 기여한다. 이런 기업가 정신을 갖는 데에는 연령의 제한도 없고 전문성에 대한 차별도 없어 보인다. 왜냐하면 아무도 풀지 못한 큰 문제를 가장 파괴적인(disruptive) 방법으로 풀 때 기업가 정신이 가장 빛을 발하기 때문이다. 따라서 가장 중요한 건 결단력과 실행력이다. 기업가 정신은 끊임없이 도전하는 사람들의 몫이다. 문제를 해결하기 위해 고군분투하는 사람들 말이다.

물론 이번 다보스 포럼에도 이런 기업가 정신으로 충만한 창업 기업가가 소수이지만 일부 참여했다. 하지만 그 규모가 작아서 무척 아쉬웠다. 무에서 유를 창조하고 구슬을 꿰는 역할을 하는 창업 기업가가 현장에서 목소리를 낼 기회가 좀 더 있었더라면 좋았을 텐데 말이다. 창업 기업가로서 자신의 사업을 알리기 위해 다보스 포럼에 참가하고 싶다면 솔직히 말리고 싶다. 정말 많은 비용과 에너지를 들여야 하고 창업 기업가의 이야기에 귀 기울여주는 사람이 그렇게 많지도 않기 때문이다. 벤처 기업으로 시작해 페이스북이나 우버처럼 크게 성장한 회사의 중역들은 종종 눈에 띈다. 비중 있는 연사와 세계 정상급 패널이 대거 참여하는 다보스 포럼 공식 행사장에서 상대적으로 덜 알려진 창업 기업가가 직접 혹은 간접적으로 그들이 중요하게 생각하는 일을 이야기할 수 있는 기회는 상대적으로 밀릴 수밖에 없는 것이다.

하지만 4차산업혁명의 격전지는 아름다운 연구실이나 화려한 보드룸도 아니고 바로 창업 현장이 아닐까? 창업 기업가의 목소리가 비록 덜 정제되었고 거칠게 들릴지라도 누구보다 더 현장감 있는 이야기를 전할 수 있는데 말이다. 사실 다보스 포럼을 깊이 있게 살펴보면서 기업가 정신이 전반적으로 어떻게 다뤄지는지, 포럼에서 창업 기업가들이 어떤 역할을 하고 있는지 가장 궁금했다.

다보스 포럼의 미션은 '세상을 좀 더 나은 곳으로 만들기 위해 적극 나서는 것(Committed to Improving the State of the World)'이다. 이런 기치하에 제네바의 작은 아파트에서 시작한 슈밥 부부의 작은 노력이 2020년이면 50회를 바라보는 세계적 행사로 발돋움한 것이다. 이렇게 '거대한 경험'을 주는 다보스 포럼이라는 특별한 공간에서 앞으로 더 많은 혁신가와 창업 기업가가 더 나은 미래의 청사진을 함께 그려 나가야 한다. 그러기 위해서는 다보스 포럼도 한층 더 노력해야 한다.

다보스 포럼도 이런 아쉬움을 달래기 위해 나름대로 자구책을 마련했다. 그중 하나가 2017년 봄 샌프란시스코 금문교 인근에 과거 군사시설로 사용하던 프리시디오(Presidio)에 문을 연 '4차산업혁명 센터'이다. 프리시디오는 벤처 창업으로 큰 부를 축적한 신흥 부자들이 사는 지역과 무척 가깝다. 트

2017년 봄, 샌프란시스코 4차산업혁명 센터 개소식에 참석한 VIP 손님들 © WEF

위터 창업자 잭 도시(Jack Dorsey)도 이곳에서 차로 5분 거리에 산다. 이곳에서 크고 작은 행사를 개최하며 창업 기업가와 실리콘밸리, 그리고 다보스 포럼 간 가교 역할을 할 예정이다. 2018년 영 글로벌 리더 연차총회도 샌프란시스코에서 열렸다. 뉴욕, 베이징, 도쿄에 이어 개소한 샌프란스시코 4차산업혁명 센터가 앞으로 어떤 기여를 할지 크게 기대된다.

센터장을 맡은 무라트 손메즈는 'KAIST-다보스 포럼 4차 산업혁명 협력을 위한 협약식' 참석을 위해 2017년 서울을 찾았다. 과거 팔로 알토에 위치한 기업 통합 소프트웨어 전문 기업 TIBCO의 창립 멤버로도 활약했던 그는 전형적인 실리콘밸리 마당발이다. 터키 출신으로 기술 기업 창업과 전문 경영인으로 사업 운영을 경험했고 현재 다보스 포럼의 운영 이사회 멤버로도 활약 중이다. 샌프란시스코 4차산업혁명 센터는 세일즈포스, 팰런티어, IDEO 등 현지 혁신 기업들과 파트너십을 맺고 영향력을 확대해나가고 있다. 2018년 다보스 포럼에도 4차산업혁명 센터를 통해 인연을 맺은 기업들이 포럼 어젠다에 많이 기여하였다. 전문 인력들이 충원되고 난 후 커뮤니티 기반의 활동이 좀 더 활발해질 것으로 기대하고 있다.

프리시디오는 벤처캐피털 사무실이 밀집되어 있는 샌드힐 로드와는 다소 거리가 있다. 창업 허브와도 다소 거리가 있다. 하지만 다보스 포럼의 지역 센터가 문을 열기에는 매우 좋은 조건을 갖추고 있다. 프리시디오는 과거 군사 시설로 사용되었기 때문에 경호나 보안이 용이하다. 다보스 포럼 성격상 국가 정상급 인사들의 왕래가 잦은데 프리시디오는 그런 면에서 매우 안전한 장소이다. 예를 들어 제네바에 위치한 다보스 포럼 본부도 부촌이자 외교관 사택이 밀집한 지역인 콜로니에 위치하고 있는데 보안이나 경호 수준이 국가 정상급 인사들이 찾기에 손색이 없을 정도로 매우 훌륭하다. 더불어 프리시디오의 기후나 경치는 이루 말할 수 없이 좋다. 프리시디오는 창의적인 일을 하거나 미디어 관련 일을 하는 기업들이 입주하기 좋은 곳이기도 하다. 스타워즈를 제작한 루카스 필

업링크. 창업 기업가를 포용하기 위한 다보스 포럼의 노력이 엿보인다. © WEF

름과 디즈니의 부대 시설이 입주해 있다.

금문교 주변 지역인 마리나나 다리 건너 마린 카운티는 이미 창업 기업으로 큰 부를 축적한 신흥 부자들이 많이 살고 있다. 앞서 언급한 잭 도시 외에도 페이팔의 창업자이자 속칭 페이팔 마피아의 꼭지점 역할을 하는 창업 기업가 겸 벤처캐피털리스트 피터 틸의 패밀리 오피스도 프리시디오에 위치 한다. 다보스 포럼도 이런 혁신의 아이콘들, 즉, 창업 기업가들에게 관심이 많다. 그런 점에서 프리시디오는 실리콘밸리의 키 인플루언서(key influencer)들, 즉, 실행력으로 똘똘 뭉친 창업 기업가들과 연계하기 참으로 괜찮은 지역이다. 4차산업혁명 센터를 통해 진보적인 혁신 기술과 창업 기업가 관련 콘텐츠를 많이 발굴하고 더 나아가 유명 창업 기업가나 혁신가,

그리고, 그들과 밀월 관계에 있는 벤처캐피털리스트들을 대거 다보스 포럼에서 만날 수 있는 날을 고대해 본다.

최근 다보스 포럼은 업링크(UpLink)라는 스타트업 커뮤니티 플랫폼을 만들었다. 아직 초기라 크게 활성화되어 있지는 않지만 이렇게 다보스 포럼은 창업 기업가들과 깊은 연대를 위해 많은 자원을 투입하고 있다.

다보스 포럼에 다시 올 것인가

'다보스 포럼에 다시 올 수 있을까?' 다보스에서 한 달 같은 일주일을 보내고 한국에 돌아오는 길에 이런 질문이 문득 떠올랐다. 또한 포럼 후 만난 사람들도 다시 다보스 포럼을 찾을 것인지 비슷한 질문을 했다. 포럼을 준비하는 고단한 과정과 상당히 빡빡했던 현장 일정 때문에 행사 직후에는 다시 포럼을 찾을지 묻는 질문에 손사래를 쳤다. 수주가 지난 후 그때 만났던 사람들을 떠올리고 한층 더 발전된 세계관이 자연스럽게 나의 생각에 묻어 나오는 것을 보면서 그래도 기회가 되면 꼭 다시 가보겠노라 다짐을 하였다.

다보스 포럼에 참석하기 전에는 포럼에서 기대하는 바가 무엇이냐라는 질문을 많이 받았다. 나의 답변은 의외로 간단했다. 단 한 번이라도 의미있는 만남을 갖는 것이다. 이건 비단 다보스 포럼에만 해당되는 것이 아니다. 과거 많은 행사를 참석하면서 필요 이상으로 많은 사람을 만나 명함을 나누는 것보다 한두 명이라도 좀 더 깊이 있는 대화를 나눌 때 친밀한 관계가 형성되고 많은 것을 배울 수 있었던 경험에서 나온 것이다. 어쩌면 다보스 포럼에서 마주친 수많은 사람들 중에 수개월 혹은 수년 뒤에 협력 관계로 발전할 사람들도 분명히 있을 것이다. 자신의 이해 관계나 소득만을 좇는 일차원적인 관계가 아니라 함께 협력하여 사회적 임팩트를 극대화할 수 있는 관계로 발전할 수 있다면 다보스 포럼은 그 자체만으로도 충분히 가치가 있을 것이다.

한 예로 다보스 포럼을 20년간 참석했던 MCM의 브랜드 오너는 다보스 포럼에서 만난 인연으로 에이즈, 결핵, 말라리아 퇴치를 위해 매년 40억 달러 이상 자금 지원 사업을 진행 중인 글로벌 펀드(Global Fund)에 의미 있는 액수를 기부하게 되었다. U2의 리드보컬인 보노의 주도 하에 탄생한 프로덕트 (RED)와 패션 브랜드로서 최초로 협력하는 물꼬를 텄다. 이를 통해 글로벌 펀드에 기부한 한국 최초 기업인이 되었고, 애플 아이폰 (RED)처럼 MCM과 (RED)가 함께 기획한 제품 생산을 앞두고 있다. 판매 수익 중 일부를 글로벌 펀드에 추가로 기부할 예정이다.

어떤 사람들은 당장 먹고사는 게 걱정인데, 무슨 세계 평화, 공유할 수 있는 미래를 운운하느냐고 회의적으로 되묻는 사람도 있다. 하지만 OECD 10위권에 지속적으로 이름을 올리는 우리나라가 당장 먹고 살 걱정만 한다는 건 다소 이기적인 발상이다. 자신이 할 수 있는 것부터 공공의 이익을 위해 조금씩 기여한다면 우리가 사는 세상이 조금 더 나아질 것이다. 다보스 포럼은 이런 고민이 좀 더 공론화될 수 있도록 적극 돕는다. 계속 관련하여 이야기를 나누다보면 어느 순간 동기부여가 되고 실행에 옮길 수 있는 힘을 얻는다. 기업들도 이윤만 추구하는 것이 아니라 사업을 영위하는 데 기업의 사회적책임, 즉, CSR(corporate social responsibility) 관점에서 조금 더 포괄적으로 사회에 기여하기 위해 다보스 포럼을 통해 다양한 의견을 교환하고 있다.

나의 존재 이유는 무엇인가?

다른 영 글로벌 리더 참석자는 다보스 포럼에 참석해 끊임없이 들은 질문이 '너의 존재 이유는 무엇인가(what is your cause)?'라고 한다. 사회적 기업가도 아니고 오랫동안 민간 부문에서 외형적 성장과 이윤 추구에 몰두해 왔던 이 친구는 이런 질문에 대한 뾰족한 답이 없어 상당히 난감했다고 말한다.

내가 다보스 포럼을 참여하면서 얻은 결론은 다보스 포럼은 나의 '존재 이유'에 대한 답을 찾는 데도 상당히 좋은 자극제 역할을 한다는 것이다. 고액의 참가 비용을 지불하고 이곳을 찾는 기업이나 개인 모두 어느 누구도 자신의 이익을 극대화하기 위한 홍보에만 열을 올리지 않는다. 서로를 경청하며 자신의 이해 관계에서 한발짝 물러나 모두에게 풍요로운 미래와 번영을 약속할 공공의 이익에 대해 직접적인 결론을 낼 수 없을지언정 적어도 함께 많은 고민을 나눈다. 물론 이면에는 여전히 개별 기업과 국가의 이익을 극대화하기 위한 보이지 않는 물밑작업이 있겠지만 적어도 세계를 이끌어 가는 상위 1%의 엘리트들은 다보스 포럼을 통해 사회적인 메시지를 던지고 각자의 역할론에 대해 되짚어 보는 시간을 갖는다. 기업의 사회적 책임이나 공유 가치창출(creating shared value)의 스펙트럼을 넘어서는 훨씬 큰 담론들이다.

다보스 포럼을 마치고 다시 일상으로 돌아온 나는 지금도 '나의 존재 이유는 무엇인가'라는 질문에 답을 구하기 위해 애쓰고 있다. 포럼 참석 이후 몇 가지 개인적으로 이루고자 하는 미션이 생겼다. 첫째, 내가 몸 담고 있는 명품 브랜드 사업과 벤처캐피털 투자가 긍정적인 사회적 임팩트를 극대화여 다보스 포럼의 센터 스테이지에서 당당하게 소개할 수 있길 바란다. 둘째, 기업가 정신이 충만한 창업 기업가들이 다보스 포럼과 접점을 마련하고 협력의 장을 넓힐 수 있도록 돕고 싶다. 셋째, 아시아에서 시작한 우수한 사회적 기업(social enterprise)이 다보스 포럼 창립자 부부가 창설한 슈밥 재단에서 매년 선정하는 사회적 기업가 상을 받고 다보스 포럼을 통해 그들의 사업을 널리 알릴 수 있도록 돕고 싶다.

내가 오랫동안 몸담아 왔던 벤처캐피털은 '다른 사람이 성공하게 해야 내가 이익을 얻는' 구조이다. 어떤 면에서는 굉장히 선한 사업 모델이다. '함께 일하는 사람을 성공하게 만들면 결국 나도 성공할 것'이라는 생각은 다른 영역의 사업에도 폭넓게 적용할 수 있다. 나는 앞서 언급했듯이 공공의 이익을 위해 애쓰는 사회적 기업과 긴밀하게 협력하고 싶다. 더불어 창업 기업가가 다보스 포럼과 접점을 찾아 목소리를 낼 수 있도록 돕고 싶다. 창업 기업가들이 제시하는 현실적이고 즉각적인 해결책이 우리 사회를 좀 더 살기 좋게 만들 수 있을 것이다. 다보스 포럼 참석자들이 성층권에서 나누는 고차원적인 이야기를 좀 더 현실과 가까운 이야기가 될 수 있도록 간극을 메꾸는 데 큰 도움을 줄 것이다.

이런 미션을 하나씩 풀다보면 공공의 이익을 위해 내가 해야 할 일에 대한 시각이 좀 더 명확해질 것이다. 즉, 이미 확고하게 정해진 '존재 이유' 때문에 내가 해야 할 일과 하지 말아야 할 일에 대한 분별력이 생길 수도 있지만, 반대로 그에 대한 답을 구하는 과정 속에서 이뤄나가는 과업들 속에서 자연스럽게 나의 '존재 이유'를 찾게 될 수도 있는 것이다. 적어도 나와 함께 동행했던 나의 배우자도 많은 도전을 받았고 함께 포럼에 참석한 다른 영 글로벌 리더들도 앞으로 어떤 형태로 국가와 사회에 이바지할까 깊이 있게 생각해볼 수 있는 좋은 기회였다고 한다.

선한 영향력

'한 번도 안 가본 사람은 있어도, 한 번만 가본 사람은 없다'는 다보스 포럼. 이 포럼이 제공하는 최상의 경험은 결국 '사람'인 것 같다. 같은 공간, 같은 주제의 강연을 듣고 있어도 상이한 개개인의 관점이 펼치는 총천연색의 토론은 짜릿한 경험을 제공한다. 마이크로소프트 빌 게이츠, 대형 사모펀드 칼라일 그룹 데이비드 루벤스타인(David Rubenstein) 창업 회장, SK 그룹 최태원 회장 등이 10년 이상 다보스 포럼을 꾸준히 찾는 것도 비슷한 이유 때문일 것이다. 그들은 이미 많은 사람을 만났지만, 다보스 포럼에는늘 새로운 만남이 기다리고 있기 때문이다. 다보스 포럼은 '그들만의 리그'라는 이미지를 탈피하고 포용적이고 다양성을 존중하는 형태로 탐바꿈하고 있다. 다보스 포럼이 예전과 다르게 많이 상업화되고 '올 만한 자격이 없는 사람'이 와서 격이 떨어진다고 불평하는 사람도 있지만 이렇게라도 변하지 않으면 미래는 없다.

다보스 포럼은 공공 부문과 민간이 함께 모여 다양한 이슈를 토의하고 해결책을 모색하는 영향력 있는 국제 회의로 발돋움하였다. 다보스 포럼은 지속적으로 양질의 콘텐츠를 공급하고 다보스라는 특별한 공간에 특별한 사람들을 모아 특별한 경험을 제공하는 것으로 명성을 계속 이어 나갈 것이다. 세계 초일류 미디어 플랫폼으로도 손색이 없다. 다보스 포럼을 모태로 시작된 여러 지역, 분야, 연령별 커뮤니티 활동 또한 단순한 외형 확장을 위한 것이 아니다. 다양한 분야의 리더들이 만나 공통 분모를 찾고 참석자들에게 지속적으로 좋은 경험 경험을 제공하는 선순환 구조를 만들어 내고 있다. 이렇게 다보스 포럼은 세계화에 기여하고 있다.

다보스 포럼은 영향력의 정점에 서 있다. 정책 결정자와 기업의 최고위층에게 지속적으로 양질의 콘텐츠를 제공한다. 다보스 포럼은 새로운 지식과 다양한 의견들이 집중된 시간과 장소에서 빠르게 논의될 수 있도록 돕는다. 긴밀한 협의를 통해 확대 재생산된 콘텐츠는 주요 거점 지역 포럼과 매체들을 통해 빠르게 전파된다. 결국 다보스 포럼에 참여하는 개개인이 포럼의 제일 중요한 무형 자산이고 이들을 포럼 현장에서 직접 보고 만나는 프라임 타임(prime time) 경험이 다보스 포럼의 핵심이다. 며칠간 집중된 한 장소에서 함께 시간을 보내고 먹고 마시며 나누는 크고 작은 대화들은 참석자들에게 '좋은 경험'으로 기억될 것이고 그만큼 파급력이 크다.

다보스 포럼은 좀 더 포용적이고 다양성을 존중하는 포럼이 되기 위해 애쓰고 있다. 백인 부자들의 고급 사교장 같은 이미지를 버리고 참석자들이 특권 의식을 내려 놓는다면 좀 더 포용적인(inclusive) 커뮤니티로 성장할 것이고 더 많은 혁신가와 창업 기업가들이 포럼을 통해 변화의 돌풍을 일으킬 것이다. 다보스 포럼에는 늘 새로운 콘텐츠가 있고 그 뒤에는 미래를 이끌어갈 주역들이 있다.

2020년 50회를 맞는 다보스 포럼은 이미 '포럼 중의 포럼(the Forum of Forums)'으로 성장하였다. 세계 지도자들이 '거대한 경험'을 주던 공간에서 혁신가들과 창업 기업가들이 바통을 이어받아 공유할 수 있는 미래를 함께 그려 나가는 장으로 성장하길 바란다. 나에게 많은 도전과 영감을 준 다보스 포럼은 다양한 사람들이 쉽게 플러그-인(plug-in) 할 수 있는 포용적인 포럼으로 성장할 것이다.

5장 다보스 포럼을 바라보는 새로운 시선

한국의 위상과 과제

다보스 참석자의 지역별 분포도를 살펴보면 북미와 유럽이 전체 70% 비중을 차지한다. 미국이 참가자의 3분의 1을 차지하고, 그 다음 스위스, 영국 순이다. 예년도 이와 비슷한 수준이었다.

2017년 시진핑 중국 국가주석이 중국 최고 지도자로서는 처음 다보스를 찾은 이후 중국 참석자의 관심도 부쩍 늘었다. 2017년 12월 말 기준, 2018년 다보스 포럼에 공식 참석하는 중국인은 62명이었다. 작년보다 조금 줄었다고는 하나 매년 비슷한 수준이다. 일본은 이를 상회하는 수준으로 71명이 공식 참석자 리스트에 이름을 올렸다. 참고로 매년 여름엔 중국

다롄 혹은 톈진에서 다보스 포럼의 중국판인 세계경제포럼 뉴챔피언이 열린다. 보통 여름에 개최돼 온 관계로 섬머 다보스라 부른다. 이 하계 포럼에는 중국인의 참여가 압도적이다. 50% 이상이 중국 본토 손님이다. 이 섬머 다보스 덕분에 중국 고위급 인사의 다보스 포럼 참석이 일부 분산된 효과가 있다고 보는 분들도 있는데 여전히 세계 2위의 경제 대국으로 중국의 영향력은 다보스 포럼에서도 실감할 수 있었다.

그렇다면 한국은 어떠할까. 2018년 공식 참석자 명단에 이름을 올린 한국인은 17명에 불과했다. 기업 총수나 기관장을 수행하러 온 사람들과 주요 매체의 기자단을 합쳐도 40명 수준으로, 중국과 일본에 비교하면 매우 적다.

다보스 포럼은 관심도가 높은 개별 국가를 다루는 세션이 있는데 보통 동남아시아로 통칭되는 아세안(ASEAN)이나 아프리카, 남미 신흥국들이 눈에 띈다. 이들 국가가 얼마나 더 발전할 수 있을지 어떤 기회 요인이 있을지 이야기한다. 예를 들어 성장 일로에 있는 ASEAN 지역은 생산 인구의 평균 연령이 낮고 포스트-중국으로 점쳐지며 노동 집약적인 산업을 중심으로 빠르게 성장하며 활기를 띠고 있다. 아세안 국가들도 주변 강대국들과 세계 열강들 사이에서 어떻게 대처해야 할지 고민이 많다. 아세안 관련 세션에서는 어떤 정책 기조를 갖고 국정이 운영되는지 공공과 민간 부문의 목소리를 골고

루 들어 볼 수 있었다. 마리 엘카 팡에스투 인도네시아대 국제 경제학 교수가 좌장으로 나선 세션에서는 어린이들의 인권과 여성 청소년들의 평등권에 대한 캠페인으로 유명한 플랜 인터내셔널의 안네-버기트 알브렉슨 대표, 아세안의 가장 큰 투자은행이자 이슬람계 은행 중 가장 큰 규모를 자랑하는 CIMB 그룹의 나지르 라작 회장, 그리고 빠르게 ASEAN 지역에서 사업을 확대하고 있는 노르웨이 국영 텔레컴 기업, 텔레노의 지그베 브렉케 회장, 공공 부문에서는 베트남 부총리 브엉딘후에, 싸만 샨문가라트남 싱가폴 경제 부총리가 패널 연사로 나섰다. 정치/사회의 구조적인 변화가 빠르게 일어나고 있는 ASEAN 지역의 시장 전망 및 기술 진보가 어떤 영향을 미치는지 되짚어 보는 시간을 가졌는데 여러 소속 국가들의 우선순위가 충돌하고 국가 간 미묘한 사회, 경제적 긴장감이 있으나 전반적으로 긍정적인 전망이 앞섰으며 우리나라도 장기적인 협력의 동반자로서 절대 간과해서는 안 될 지역이다.

다보스 포럼의 공동 의장 중 사회적 기업을 대변하는 체트나 신하 만데시 재단 이사장과 뛰어난 학자이자 행정가인 유럽입자물리연구소 소장인 파비올라 지아노티 사무총장이 세계 속에서 인도의 역할, 4차산업혁명과 인간의 잠재력에 대한 좌담회를 펼치기도 했다. 인도는 여러 면에서 경이로운 국가인데 정치 지형도의 급격한 변화와 구조적인 혁신, 그리고 기술의 진보가 일으키고 있는 사회-경제적 파급력에 대해 짚어보았다. 또한 인도의 국가 전략, 글로벌 어젠다, 그리고 지역 경제의 최근 변화상 등을 소개하며 세계 속에서 인도가 어떤 형태로 자리매김하는지 살펴보았다. 에미상을 수상했던 유명 작가이자 CNN 뉴스 쇼의 호스트인 파리드 자카리아 박사가 대담을 함께 진행했다. 더불어 '4차산업혁명과 인간의 잠재력'에 관한 세션은 인간의 지식, 재능, 그리고 열망이 충족되지 않을 때 계량화된 생산성에 대한 척도나 경제 성장 지표들이 인간에게 크게 의미가 없다는 도전적인 전제를 바탕으로 진행되었다. 인간 중심의 미래 비전을 정립하고 글로벌 전역에서 일어나고 있는 인적 자원의 갭을 메꾸는 방법을 BBC 미샬 후세인과 함께 이야기를 풀어 나갔다.

미국 제일주의가 어떤 글로벌 임팩트나 문제를 야기하는지 짚어보는 도전적인 주제의 세션도 있었다. 워싱턴포스트 편집국장과 이란 외무부 장관이 대담자로 나선 세션으로 트럼프 행정부의 미국 이익을 최우선으로 하는 외교, 안보, 경제 정책에 대해 다소 부정적인 논평이 이어졌다. 트럼프 행정부에 대해 오랫동안 날 선 비판을 해온 워싱턴 포스트와 오랜 제재 조치로 많은 불만이 쌓인 이란의 조합이라니 다보스 포럼다운 발상이다. 이렇게 비판을 통해 배우기도 한다.

사우디 아라비아 왕자가 후원하는 MISK 재단 조찬에서는 기업가 정신과 혁신을 강조하는 연사들의 공통된 목소리를 들을 수 있었다. 사우디 아라비아 에너지 장관, 칼라일 그룹의 데이비드 루벤스타인 회장, WPP의 마틴 소렐 회장 등이 연사로 나섰다. 마지막 날 아침 7시 조찬이라 사람들이 많이 나오지 않으리라 생각했는데 모두들 참 부지런하고 지속적으로 국가 이미지를 부대 행사를 통해 세우는 사우디 아라비아의 노력이 돋보였다.

여러 나라가 이렇게 다보스 포럼을 지렛대 삼아 자국 홍보에 노력을 기울이지만 한국은 작년에 이어 올해도 영 신통치 않다. 기관장이나 기업 총수가 연사로 선뜻 나서는 경우도 매우 드물다. 2018년 포럼은 KT의 황창규 회장, 서울대 이근 교수, 강경화 장관 정도이다. 중국 관련 세션은 행사 기간 내내 매일 수차례씩 열렸음에도 한국 관련 세션은 전체 일정을 통틀어 고작 한두 개 정도였다. 그것도 한반도 안보 위기로 주제가 쏠린지라 한국은 기회보다 위기의 땅으로만 다뤄지는 모양새이다. 평창 동계올림픽을 목전에 두고 열린 2018년 다보스 포럼을 전략적으로 활용했다면 국제 사회를 안심시키고 국가 위상을 높일 수 있었을 텐데 아쉬운 점이다.

다보스 포럼에는 매년 '한국의 밤' 행사가 열렸지만, 2017년에는 주최 측인 전경련(전국경제인연합회)이 구설수에 오르며 행사가 열리지 않았다. 그래서 2018년 역시 한국의 밤 행사 개최가 불투명했으나 평창 동계올림픽 성공을 기원하며 한국의 밤 행사가 전격적으로 열렸다.

강경화 외교부장관 주재로 열린 이번 행사는 다보스 주요 거점 호텔 중 하나인 인터콘티넨털 호텔에서 열렸다. 예년도에는 보통 모로사니 호텔에서 열렸는데 인터콘티넨털 호텔은 훨씬 더 좋은 행사장인 것은 맞으나 메인 행사장들이 밀집된 지역과 많이 떨어져 있어서 접근성이 떨어지는 곳이다. 그래서 하루 저녁에도 여러 행사에 얼굴 내비쳐야 하는 귀빈들을 모시기에는 상당히 어려운 부분이 있다. 또 보통 포럼이 열리기 한두 달 전에 행사 안내를 시작한다. 그러나 한국의 밤은 다보스 포럼이 시작하는 주에 초대장이 돌았고 그래서 수주 수개월 전에 일정을 잡는 귀빈들이나 주요 참석자들은 많이 참석할 수 없는 행사가 되었다.

예전에 보았던 만평이 생각이 난다. 중요한 글로벌 이슈 등 여러 거대한 질문을 머리 속에 담고 사는 사람을 한쪽에 그리고 옆에는 한 켠에 오늘 저녁 뭐 먹지라는 생각만 머릿속에 가득찬 사람을 비교해서 그린 만화이다. 눈 앞에 보이는 이익에만 급급하며 살아가는 것, 자기의 필요에는 충실하지만 공공의 이익은 거들떠 보지도 않는 사람들의 모습을 풍자한 만평이다. 당장 먹고 살 걱정이 태산 같은데 무슨 대의를 생각하고 세계 평화를 외치나 하겠지만, OECD 10위권 한국에서 살면서 당장 먹고 살 걱정만 한다는 것은 다소 이기적인 발상이 아닐까 싶다. 거대한 담론을 애써 고민하는 척 흉내 낼 필요도 없겠지만 매우 현실적인 영역이나 우리이기 때문에 관심을 기울여야 하는 영역, 그리고 조금이나마 작은 도움을 보탤 수 있는 영역부터라도 조금씩 공공의 이익을 위해 기여할 수 있다면 우리가 사는 이 세상이 조금은 더 나아질 것이다. 이런 고민이 한국 사회에도 조금 더 공론화될 수 있으면 좋겠다.

참고로 다보스 포럼의 제네바 본부에는 이주옥 국장과 클라라 정 등 한국계 직원이 열심히 일하며 한국의 위상을 높이고 있다. 다보스 포럼과 한국의 실질적인 연결고리로 다보스 포럼 내에서도 일을 잘 하기로 명성이 자자한 인물들이다. 아무리 인사이더들이 노력하더라도 다보스 포럼에서 한국의 위상이 높아질 수 있도록 국가적으로 좀 더 행사를 잘 기획하고 실행할 수 있었으면 하는 바람이다. 한국이 좀 더 다보스 포럼을 잘 활용한다면 좀 더 효과적으로 국제 사회에 다양한 메시지를 전달할 수 있을 것이므로 앞으로 더 뜨거운 '한국의 밤'을 기원해 본다.

다보스 외전, 포럼 제대로 즐기기

다보스 포럼에 갈 계획이 있는 분들께 2018년 포럼 참석을 계획하면서 얻은 팁들을 간략히 정리해보았다.

어떤 세션에 참가하는 게 좋을까?

공식 세션만 400개가 넘는다. 제목만 훑어봐도 세상 돌아가는 이야기를 간파할 수 있을 정도로 주제의 범위가 다양하다. 다보스 포럼은 다방면의 지식을 큐레이팅한다. 참석자가 어떤 취향이나 안목을 갖고 있든 간에 그들의 입맛에 맞는 주제의 흐름을 찾을 수 있다. 다만 너무 욕심부리면 안 된다. 최소 수면 시간을 줄이고 줄이더라도 많은 일정을 소화하며 너무 많은 세션에 참여하거나 새로운 만남을 추구하다 보면 체할 수 있다.

자기 관심사 중심으로 세션을 듣는 것도 좋지만, 평소 접하지 않은 분야를 선택하는 것도 지식의 경계를 넓히는 데 도움이 된다. 나는 세션 주제보다 연사의 프로필을 더 면밀히 살피는 편이다. 연사의 질이 좋으면 주제가 무엇이든 간에 콘텐츠가 흥미로울 가능성이 높다.

여러 해 동안 참석했던 분들의 조언에 따르면 하루에 5개 내외의 행사에 참여하는 게 가장 효율적이라고 한다. 물론 이것도 다른 일정을 최소화하고 체력이 뒷받침해준다는 것을 전제로 한 이야기이다. 스위스의 겨울은 춥고 고되다. 다보스 시내 곳곳에 흩어져 있는 크고 작은 행사들을 시간대별로 모두 쫓아다니는 것은 체력 소모가 매우 크다.

다보스 포럼은 체력전이다. 벤처캐피털 일을 하며 사람 만나는 것을 수시로 해왔던 나 역시, 스케줄이 하루에 3-4건이 넘으면 그다지 생산적인 미팅을 하지 못했던 것 같다. 미팅 준비를 해야 하고 현장에서 쏟아지는 무궁무진한 이야기와 아이디어를 소화하고 미팅을 마친 후 그 만남을 복기하고 팔로우업하다 보면 이 일이 정말 만만치 않은 것을 느끼게 된다. 이건 수행 비서나 사업 비서가 있다고 해서 더 쉽고, 안 쉽고의 문제가 아니다. 정말 개개인의 강인한 체력을 요구하는 일이다.

행사장 사이 길은 눈이 얼어붙어 많이 미끄럽고 대부분 빙판길이다. 마치 스케이트 장을 방불케 한다. 정장 구두나 하이힐을 신고 행사장 사이를 급하게 이동하다 보면 낭패를 보기 십상이다. 총총걸음으로 걷다가 빙판길에서 심하게 미끄러져 다리가 부러지거나 병원에 실려간 사람도 여럿 있었다고 한다. 춥고 난방 기기를 풀 가동해야 하는 날씨 상황 때문에 건조한 실내 공기와 행사 초반 무리한 일정 진행으로 인해 감기 몸살에 몸져누워 거의 전 일정을 취소하다시피 한 사람들도 있었다. 많은 기회비용을 치르고 다보스까지 와서 호텔방에서 혹은 병원에서 눈 구경만 하다 갈 수는 없지 않겠는가.

어차피 모든 걸 다 체험해 볼 수 없기 때문에 오전, 오후 최

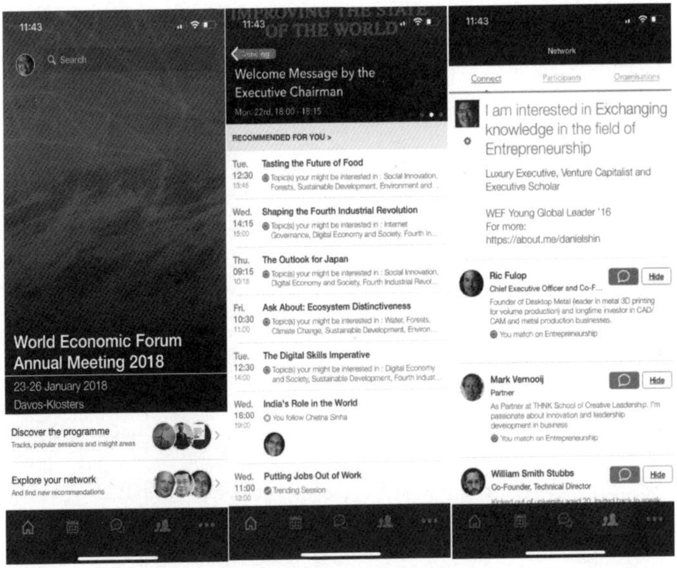

탑링크. 모든 행사/참석자 관련 정보를 실시간으로 제공해준다

대 2-3개 정도의 세션을 들을 계획을 세우면 제일 좋다. 행사 직전까지 일정이 바뀌는 경우가 종종 있다. 드물지만 세션이 취소되는 경우도 있다. 그래서 다보스 포럼에 참석하는 사람들은 탑링크(TopLink)라는 다보스 포럼 전용 앱을 적극 활용한다. 실시간으로 행사 장소나 변동 사항에 대한 공지가 뜬다. 프로그램을 예약하거나 링크드인처럼 연사나 다른 참석자와 미리 연락을 주고 받을 수 있는 기능도 있다. 참석을 확정하면 다보스 포럼 한 달 전부터 잠재적인 사업 개발이나 단

순 네트워킹 목적으로 다양한 미팅 요청이 탑링크를 통해 들어온다. 이메일은 기본이고 링크드인, 왓츠앱, 텔레그램 등을 통해서도 수시로 연락이 온다.

제목을 읽고도 어떤 내용이 오고 갈지 감이 오지 않는 세션들은 어떤 사람들이 내용을 만들어 가는지 연사들의 약력을 살펴보면 훨씬 더 생동감 있게 다가온다. 자세한 내용을 보기 전에 패널 토의 진행자와 토론에 참여하는 사람들의 프로필, 그리고 최근 그들이 했던 이야기를 인용한 최근 기사들을 살펴보면 좀 더 입체적으로 세션의 분위기를 조망해 볼 수 있다.

아무리 유명 기업 CEO나 TV에서나 보던 국제기구의 수장이 나오는 세션도 이미 다른 매체에 많이 등장하여 별로 새로운 이야깃거리가 없을 것 같으면 가차 없이 패스한다. 그리고 아무리 좋은 배경을 가진 연사가 참여해도 마치 어울리지 않는 옷을 입고 있는 사람처럼 해당 주제에 특별히 기여하는 바가 없을 것 같고 연관성이 없어 보이면 역시 패스한다. 예를 들어 창업 기업가 관련 토픽을 한 번도 창업을 해본 적이 없는 사람이 나와서 이야기한다면 매우 영양가 없는 이야기가 오고 가기 쉽다. 마치 연애를 책으로 배운 사람이 연애할 때는 이렇게 저렇게 하는 거야라고 훈수를 두는 것과 비슷한 상황일 것이다.

다보스 포럼 기획자들은 정말 절묘하리만큼 400여 개에 달하는 프로그램과 연사들의 궁합을 환상적으로 잘 조합해 놓았다. 프로그램을 운영하는 방법만 살펴봐도 참 배울 게 많다. 토론자로 나서는 개개인이 워낙 출중한 사람들이고 그런 사람들 사이에서 의견이 격돌하면서 나올 수 있는 새로운 이야기의 흐름은 매우 기대되고 흥미진진하다. 다보스 포럼은 현장에서만 느낄 수 있는 색다른 경험을 제공한다. 특히 포럼을 마치고 속속 올라오는 포럼 후기를 살펴봐도 현장에서 보고 느낀 현장의 공기를 100% 담아낼 수는 없을 것 같다. 이게 바로 현장 경험의 힘이고 라이브 실황의 매력이다.

각 세션은 온라인 사전 예약을 통해 미리 참가 신청이 가능하다. 예약이 언제부터 가능한지 일정을 확인하고, 미리 준비를 해둬야 한다. 수 분 내 마감하는 세션도 많다. 이미 자리가 다 찼다면 누군가 취소할 때까지 기다리거나 현장에서 노쇼(no show)하는 사람의 자리를 차지하는 수밖에 없다. 만일 상사를 모시고 가는 경우 행사 선예약은 정말 필수다. 작은 공간에서 열리는 세션이라면 예약도, 현장에서 자리를 차지하기도 어렵다. 이럴 때에는 다른 세션 참석자에게 세션이 어땠는지 귀동냥을 하거나 스트리밍 비디오 다보스 포럼에서 제공하는 미팅 노트를 참고하는 것으로 만족해야 한다. 2018년 다보스 포럼의 경우 행사 시작 1주일 전인 1월 18일 예약 페이지가 오픈되었다. 올해는 유독 빨리 세션들이 마감되었는데 배경을 살펴보니 개인 참가가 아닌 고가의 비용을 내고 참여하는 파트너 기업들부터 1월 10일부터 예약을 받았기 때문이라고 한다. 개인 차원에서 참가하는 사람들은 참고해야 할 사항이다.

토의로 진행되는 세션

좌장은 무대를 책임지는 사람이다. 개별 세션은 통상적으로 대담이나 패널 토의 형식으로 진행한다. 즉, 연사가 일방적으로 발표하는 게 아니라 좌장이 질문하면 연사가 돌아가면서 답변하는 방식이다. 일방향 강연은 일부 국가 정상급 인사의 단독 세션에 국한된다. 그래서 진행자인 좌장의 역할은 매우 중요하다. 무대를 책임지는 사람으로서 대화가 물 흐르듯 자연스럽게 흘러갈 수 있도록 진행해야 하고, 청중과 패널이 교감할 수 있도록 해야 한다. 또 정시에 시작해 정시에 끝날 수 있도록 시간도 체크해야 한다. 다시 말해 좌장은 콘텐츠를 책임지는 사람이다. 적절한 포인트에서 끊고 다음 질문으로 진행할 줄도 알아야 하고 한 사람이 발언 기회를 독점하지 않도록 해야 한다. 또한, 청중에게도 질문할 수 있는 기회를 충분히 주고 토론 참여자들과 양방향으로 교감할 수 있도록 해야 한다. 내 경험에 비춰보면 좌장이 연사와 미리 많은 대화를 나눈 후 토의를 진행하면 그 퀄리티가 월등히 좋아진다. 마치 좋은 안무가가 무용수를 리드해 기량을 최대한 발휘할 수 있도록 돕는 것과 유사하다.

다보스 포럼 운영진이 많은 연사들을 정시에 나타나게 하고 충분히 주제에 대해 숙지하고 올 수 있도록 돕는다고 해도 늘 사고는 있게 마련이다. 예를 들어 이번 다보스 포럼에서는 원래 계획되어 있던 안토니우 구테흐스 UN 사무총장의 연설이 사정상 당일 취소되었다. 연이어 중요한 미팅을 치르고 연사의 의무를 다하기 위해 신속히 행사장으로 이동한다고 해도 동 시간대에 많은 행사가 진행되는 복잡한 행사장에서 길을 잃기 십상이다. 그런 경우 포럼 운영진도 현장 코디네이터도 좌장도 모두 긴장하기는 마찬가지이다. 그래도 세션이 시작되면 언제 그랬냐는 듯 물 흐르듯 순항한다. 그만큼 좌장의 집중력이 필요한 순간이다.

세션 전후 유명 인사 언저리를 맴도는 것은 예의에 어긋난다. 기념사진을 남기는 것도 좋으나 의미 있는 대화 한 마디가 잘 나온 사진보다 훨씬 더 임팩트가 크다. 그리고 궁금한 게 있다면 과감하게 손을 들어 정식으로 질문하는 게 좋다. 상시 녹화를 하므로 마이크를 쓰는 것도 잊지 말아야 한다. 손을 들고 기다리면 진행 요원이 마이크를 가져다준다.

그렇다면 행사는? 어떤 행사를 먼저 갈까?

다보스 포럼 기간 중 매일 아침 7시부터 다양한 조찬 모임이 열린다. 공식 일정은 밤 10시에 끝나지만 기관과 기업에서 주최하는 파티가 이어진다. '자기 전에 먹는 술'이란 뜻의 나이트캡(nightcap)이라 부르는 파티로 이야기를 나누며 주류와 간단한 핑거푸드를 즐긴다. 체력이 허락한다면 밤늦게 시작하는 나이트캡에 가는 것도 네트워킹하기에 좋다. 많은 사람을 캐주얼하게 만날 수 있는데 새벽 3-4시가 되어도 끝나지 않는 행사도 있기 때문에 숙소가 멀거나 다음 날 일찍 일정이 있다면 적당히 끊고 나와야 한다.

다보스 포럼에 공식적으로 등록한 사람은 모든 행사에 참여할 수 있다. 배우자나 파트너 자격으로 참석하는 사람도 마찬가지다. 다만 국가 정상급 인사가 참여해 보안이 필요한 행사나 일부 프라이빗 행사는 참석이 제한된다. 세션에 참가하는 것이 부대 행사 일정보다 우선이기 때문에 부대 행사를 진행하는 곳도 가급적 다보스 포럼 공식 일정과는 최대한 겹치지 않게 행사를 계획한다. 그래도 다보스 포럼에서 제공하는 메인 행사만큼이나 중요한 게 부대 행사인데 내 나름대로 우선순위를 정리해보자면 아래와 같다.

부대 행사 참석 우선순위

1. 개인이 초대하는 프라이빗 디너
2. 국제기구나 공익 사업을 하는 단체의 행사
3. 맥킨지, BCG 같은 글로벌 컨설팅 기업이 주최하는 모임
4. 대학, 미디어, IT기업이 주최하는 행사

국제 기구나 공익 사업을 후원하는 행사는 의외로 선한 뜻을 가지고 방문하는 유력 인사들을 많이 만날 수 있어 유익하다. 기타 국가가 여는 리셉션과 파티가 있는데, 각국의 산해진미를 소개하기 위해 특급 셰프와 현지 식재료를 공수해오는 경우가 많으니 일정이 허락된다면 방문해 보는 것도 좋다.

어떤 행사에 참여할지 정하는 일은 정말 쉽지 않다. 나는 개인적으로 여러 행사를 기웃거리지 않고(특히 얼굴만 비추는 것은 정말 의미가 없다) 한 행사에 집중하는 것을 원칙으로 한다. 그 행사에서 가까이 있는 사람과 많은 대화를 나누고 밀도 있는 시간을 갖고자 노력했다. 왜냐하면 한 명이라도 제대로 된 좋은 관계를 맺는게 수십-수백명의 명함을 수집해 온 것보다 훨씬 더 유익하기 때문이다.

부대 행사는 될 수 있는 한 식사 시간을 활용하는 게 좋다. 어차피 식사는 해야 하고 식사하며 나누는 짧고 굵은 대화가 의외로 매우 생산적인 경우가 많다. 그런데 행사가 많이 몰려 있는 둘째, 셋째 날은 어쩌다 보면 아침 세 끼, 저녁 세 끼를 먹

게 되는 경우도 있다. 둘째, 셋째 날 부대 행사가 많은 이유는 포럼에 늦게 도착하거나 일찍 다보스를 떠나는 사람을 배려한 것인데, 어찌 되었건 한 사람이 먹을 수 있는 양은 한정되어 있으니 이렇게 행사가 몰린 날은 고역이다. 나도 미리 참석을 약속했던 연유로 하루 저녁에 애피타이저는 컨설팅 회사에서, 메인은 투자은행에서, 마지막 디저트는 국제기구에서 주관하는 행사에서 먹었던 경우도 있다.

다보스 시내에서 또다시 케이블카를 타고 산중턱까지 올라가면 있는 샤잘프(Schatzalp) 호텔에서 열린 글로벌 펀드 파티는 마이크로소프트 빌 게이츠, 노벨상 수상자 말랄라, 알리바바의 마윈, 캐나다 총리 쥐스탱 트뤼도 등이 모습을 드러내며 다보스 포럼에서 가장 핫한 파티임을 어김없이 증명했다. 앞서 언급한 것처럼 글로벌 펀드는 MCM에서도 한국계 럭셔리 패션 브랜드 최초로 기부 약정을 체결하고 이번 파티에 초청을 받았다. 빌 게이츠와 말랄라가 글로벌펀드 HER(HIV Epidemic Response) 캠페인 축사를 맡았고, 굉장히 흥겨운 파티였다. 다양한 사람들이 격의 없이 어울리며 이야기를 나눌 수 있는 공간, 이게 바로 파티다. 주제도 비록 글로벌 펀드를 후원하는 사람들의 모임이지만, 블록체인부터 살아가는 이야기까지 우리들만의 대화를 이어간다. 더불어 유니세프 파티도 전통적으로 많은 사람들이 반드시 가야 하는 파티로 손을

글로펄 펀드에서 주최한 파티. 다보스에서 가장 핫한 파티로 정평이 나 있다

꼽는데 역시 명불허전이다. 이번 파티는 스위스-아랍 친선 모임에서 후원하여 낙타까지 동원되었고 눈 덮인 다보스에서 중동 느낌을 물씬 풍기는 파티장 셋업으로 매우 이국적인 느낌을 연출하였다. 나는 동료 영 글로벌 리더 카니카 드완의 소개로 같은 날 있었던 유니세프 파티에 참석하게 되었다.

크레디트 스위스가 후원한 여성 임팩트 디너 YIO(Young Investors Organization) 디너도 좋은 경험이었다. 록펠러 가문 자녀들도 다수 참여했고 심지어 일론 머스크의 형제인 킴벌 머스크 등 유명 재계 2, 3세 자제들이 대거 참여하였다. MCM 브랜드 오너인 김성주 회장과 노벨상 수상자 무하마드 유누스 재단과 함께 일하는 사스키아 브루이스텐 등이 연사로 나섰다. 이들은 자신의 편안한 삶에 안주하는 것이 아니라 사회적 임팩트를 내는 데 매진해야 한다는 메시지를 던진다. 이 저녁 행사에서 단순히 페미니즘 차원의 여성 인권 신장이 아니라 실질적인 변화를 위해 오랫동안 애쓴 여성 리더들을 많이 만날 수 있었다.

20년 동안 꾸준히 명맥을 유지하며 다양한 활동을 펼치고 있는 여성 임팩트(Women of Impact) 디너는 이번 다보스 포럼이 7인 여성 공동 의장 체제로 구성되는데 기여한 숨은 공신이다. 오랫동안 다보스 포럼에 여권 신장을 위해 직간접적으로 많은 영향력을 끼쳐왔다. 캐나다 트뤼도 총리도 바쁜 시간을 쪼개어 직접 방문하여 응원하였다. 이날 연사로 나섰던 분도 매우 인상적이다. 영국 왕정 시절 보수 정권 토리당의 명맥을 잇고 있는 스코틀랜드 보수당의 당수 루스 데이비슨은 올해 마흔의 젊은 나이에 명석한 두뇌와 뛰어난 언변으로 신선한 바람을 불러 일으키고 있다. LGBT 권리를 옹호하고 매우 진보적인 성향으로 보수당이 과거 갖고 있던 이미지를 완전히 허물고 있는 그녀의 말 한마디 한마디는 거침이 없고 다보스 포럼은 새롭게 떠오르는 그녀를 주목했다.

연이어 나온 롤라 할람은 시리아계 영국인 의사로 시리아 민간 병원 재건 운동에 힘쓰고 있다. 여러 지정학적인 이유로 시리아는 현재도 포화 속에 휩싸여 있고 많은 사람들이 생명을 잃고 있다. 그녀가 도운 80여 개의 민간 병원은 복구가 되기 무섭게 또다시 공격을 당하고 무너져 내린다. 그녀가 짧은 비디오를 통해 보여준 전쟁의 참상은 너무 끔찍했다. 아무리 훈련된 의사이지만 아무런 장비도 없이 심지어는 거즈나 붕대, 소독약조차 없는 상태에서 폭격으로 인해 많은 피를 흘리며 병원으로 호송되는 환자들, 특히 분초를 다투며 살려도 어려운 상태의 어린 환자들에게 아무것도 해줄 수 없는 상황을 호소했다. 병원 재건이나 의료 장비 수급을 위한 구호 활동도 쉽지는 않은 상황이다. 세계 상위 1% 이상만 모여 있는 다보스 포럼에서도 비록 많은 사람들이 공감은 할지언정 실제로 도움의 손길을 내미는 경우가 많지 않았다고 한다. 담담하게 애써 그녀의 아쉬운 마음을 전했다. 하지만 인내심을 갖고 시리아 전쟁 종식과 생명을 살리기 위해 애쓰는 그녀의 목소리를 들으며 국경, 성별, 나이를 뛰어넘어 척박한 환경에서도 애쓰고 있는 위대한 휴머니즘을 본다. 그녀의 말대로 집요하게 애쓰는 결단된 마음과 용감한 인내심(determined tenacity and courageous patience)만 있다면 못해낼 일이 없을 것이다. 입으로 외치는 구호보다 행동으로 옮기는 여성 리더들을 보면서 참석한 100여 명 넘는 다른 여성 리더들도 많은 도전을 받았다고 한다.

크레디트 스위스는 백 마디 말보다 이런 행사에 실질적인 도움을 주면서 좋은 기업의 이미지를 얻는다. 연이어 우리와 긴밀히 협력하고 있는 BCG의 디너 행사도 참석했는데 다보스 포럼을 위해 제작한 거대한 텐트인 돔에서 맛있는 정찬 식사와 영양가 있는 콘텐츠를 제공했다. 기업의 사회적 임팩트를 강조하는 웬디 우드 파트너의 기조 연설이 돋보였다. 이후 EY에서 주최한 '100대 여성 파워리스트' 나이트 캡 행사까지 하루 저녁 일정이 4개가 겹친 드물지 않은 다보스 풍경이다.

다보스 포럼 등록과 행사장 분위기

다보스 들어가는 초입에 있는 별도의 상설 등록처에서는 포럼에 공식으로 등록한 사람들에게 배지를 나눠준다. 이 배지가 없으면 보안상의 이유로 행사장 진입 자체가 어렵다. 포럼 말고 주변 행사에 참석하거나 순수히 비즈니스 미팅만을 위해 다보스를 찾는 사람들에게 속칭 호텔 배지를 나눠주는 경우도 있다. 그러나 이마저도 보안상의 이유로 모든 사람에게 나눠주지는 않는다. 그래서 사전 등록 없이 다보스를 찾으면 낭패 보기 십상이다. 이런 이유로 다보스 포럼은 상당히 배타적인 행사처럼 보인다.

다보스 포럼은 다양성을 존중하고 포용적인(inclusive) 분위기를 만들기 위해 여간 애를 쓰는 게 아니다. 보란듯이 LGBT

관련 세션이 공식 행사 첫날, 첫 세션으로 준비되었는가 하면, 주요 세션은 비디오 스트리밍이나 현장 관찰 기록문 형태로 대중에게 공개한다. 그런데 이게 양날의 검 같아서 폭넓게 공유되는 것은 좋으나 사방에서 돌아가는 카메라와 '보고, 듣고, 기록하는' 많은 사람들 때문에 참여하는 연사는 민감한 사안에 대해서는 최대한 말을 아끼는 경우도 있다.

다보스 포럼 내에도 콩그레스센터 출입구 주변이나 행사장에는 상시 돌아가는 방송사 카메라들이 포진하고 있다. 심지어는 스마트폰으로 실시간 스트리밍을 내보내고 인터뷰를 하는 디지털 매체도 자주 목격하곤 했다. 대형 미디어는 그나마 편집이라도 하고 내보내지만 알려지지 않은 작은 중소미디어나 매체는 얼굴을 잘못 내비쳤다가는 큰일 나기 십상이다. 이번 포럼에서 트럼프 대통령과 관련한 돌발 인터뷰 요청이 많았는데 때가 때이니만큼 나도 최대한 매체와의 만남을 자제했다.

오프 더 레코드(off the record, 녹취금지)나 엠바고(embargo, 특정시한까지 공개금지)를 요청한 세션의 경우 참석자들은 그 규칙을 준수한다. 소규모 조찬 혹은 만찬에서는 채텀 하우스 룰(Chatham House Rule)에 따라 익명성을 보장하는 암묵적 동의하에 이야기를 나누기도 한다. 채텀 하우스 룰은 토론에서 누구든 자유롭게 말하고 그 내용을 정보로 활용할 수 있으나 정보의 소스, 즉, 토론 참가자의 이름이나 소속을 밝혀서는 안 된다는 규칙으로 참여자들의 자유로운 토론을 돕기 위한 상징적인 룰이다. 이런 곳에서 실명을 언급하는 사적인 트윗이나 페이스북은 금물이다.

숙소는 어디로 정할까?

숙소는 정말 중요한 문제다. 포럼이 열리는 기간 다보스 시내 호텔을 구하는 건 하늘의 별 따기다. 다보스 메인 행사장 인근 에어비앤비나 민박도 이미 1년 전에 예약이 마감된다. 대부분 체크아웃하면서 다음 해 숙소를 예약하기 때문이다. 숙소가 있다고 해도 산장 같은 호텔은 하루에 40–50만 원을 훌쩍 넘는다. 돈을 절약하기 위해 콘도 하나에 열 명씩 지내는 경우도 다반사이다. 특히 민박이나 에어비앤비를 이용한다면 무엇보다 위치나 주인에 대한 평을 잘 확인해야 한다.

나는 다보스에서 차로 약 30분 거리에 있는 클로스터의 다보스 포럼 공식 호텔에 묵었다. 공식 호텔은 다보스 행사장 간 무료 셔틀이 제공되므로 이동이 편리하다. 그러나 산길로 30분가량 걸리므로 하루에 무조건 한 시간은 길에서 버리게 된다. 이런 이유로 어떻게든 다보스 시내에 숙소를 구하려는 사람이 많다. 웃돈을 주고 집을 통째로 빌리는 이도 있다. 어찌되었건 공실률이 거의 없고 너무 비싼 값을 부르는 개인 임대

주택이나 아파트들이 대부분이지만 짧은 시간 안에 많은 일정을 소화해야 한다면, 그리고 늦은 시간까지 네트워킹 파티에 가고자 한다면 단연코 다보스 시내 숙소를 권한다. 왜냐하면 교통이 정말 큰 문제이기 때문이다. 대중교통이나 우버도 특정 시간 지나면 거의 이용할 수 없는 경우가 다반사다. 심야 택시도 몇십만 원 단위로 정말 비싸다. 포럼에서 공식적으로 계약을 맺고 제공하는 호텔이 다수 있어 공식 참석을 결정하게 되면 포럼 측 도움을 받고 아니면 위치나 교통 편의를 고려하여 다보스나 클로스터에 숙소를 개별적으로 잡으면 된다. 그리고 포럼 직전에 참석을 취소하시는 분들이 있어 종종 굉장히 좋은 위치의 호텔을 건지는 횡재를 누리는 경우도 있다. 다만 가격은 여전히 수십만 원에서 수백만 원대로 상당히 비싸다. 1주일에 수천만 원에 달하는 고급 샬레(스위스식 방갈로)부터 여러 명이 공유해 겨우 잠만 잘 수 있는 노숙에 가까운 숙소까지 옵션은 천차만별이다.

그래서 다보스 포럼 참가를 확정하면 숙소부터 구해야 한다. 클로스터면 그래도 감지덕지하다. 나도 처음에는 숙소 예약이 쉽지 않아 두 시간여 떨어진 취리히나 인접국 리히텐슈타인 수도 파두츠에 숙소를 구해야 하나 고민했을 정도다. 일찌감치 다보스에 숙소를 구한 사람들이 정말 부러웠다. 나는 알피나(Alpina) 호텔에 묵었는데 기차역이 바로 앞에 있어서 가격만 빼면 나쁘지 않았다. 심지어 국제적십자 총재나 미디어 공룡 기업 베텔스만 그룹 회장님 가족들도 이곳에 묵었으니 초특급 럭셔리는 아니지만 아기자기한 수준급 부티크 호텔이다.

다보스 시내 숙소에서 지내지 않는 한, 심야 파티는 꿈도 꾸지 않는 게 좋다. 매일 30만 원을 택시나 우버를 타는데 쓰겠다면 몰라도 말이다. 여담이지만 나도 한 번 큰 사달이 난 적이 있다. 행사 둘째 날 나이트캡 행사를 갔다가 밤 11시경 글로벌 셰이퍼들이 클로스터로 가는 단체 버스를 얻어 탔는데 평상시보다 좀 먼 감이 있었다. 아뿔싸. 버스가 나를 내려준 곳은 이름만 같지 산 반대편에 있는 완전히 다른 동네였다. 숙소와 45km 떨어진 곳에 내린 것이다. 시간은 벌써 새벽 1시 반. 버스도 기차도 모두 끊겼다. 영하의 날씨에 길바닥에 나앉은 것이다. 함께 다보스를 찾은 배우자도 걱정이 이만저만이 아니고, 다음 날 7시 조찬 모임도 가야 하기에 택시를 알아보기 시작했다. 그런데 40~50만 원가량 택시비를 달란다. 그나마 한 시간을 기다려야 한다. 천만다행으로 근처를 지나던 우버가 있어서 겨우 잡아 타고 왔다. 우버도 너무 비쌌지만, 그래도 택시비보다는 쌌고 주변에 우버가 있다는 게 어디인가. 마침 우버 CEO도 다보스 포럼을 찾았는데 행사장에서 만나면 그를 꽉 안아주고 싶을 정도로 그날 밤 나를 픽업하기 위해 나타난 우버 기사가 눈물 나게 반가웠다. 스위스 산골에서 공유 경제의 혜택을 이렇게라도 누렸으니 말이다.

참고로 미팅을 위한 공간이나 소규모 행사 장소 예약도 일찌감치 마감된다. 중요한 미팅이 있으면 행사장 언저리를 오가면서 하거나 주변 식당에서 간단한 식사를 곁들여 이야기를 나눠야 한다. 그마저도 여의치 않으면 행사장 구석에 있는 스탠드 테이블에 서서 대화를 하거나 포럼 멤버 전용 라운지를 이용한다.

다보스의 교통 수단

가장 가까운 공항은 취리히 국제공항이다. 다보스는 공항에서 기차나 차로 약 두 시간이 걸린다. 겨울에는 눈길인 경우가 많고 다보스 인근은 길이 험해 기차로 이동하길 추천한다. 하지만 기차는 중간에 한 번 갈아타야 하고 그 갈아타는 시간이 무척 짧다. 겨울 짐이라 무거운 가방을 끌고 플랫폼과 플랫폼 사이를 이동하다보면 자칫 기차를 놓칠 수도 있다. 포럼 폐회식을 마치면 공항 무료 셔틀 버스를 제공하기도 한다. 미리 예약을 하고 버스를 이용해도 좋다. 그리고 비용이 허락된다면 리무진(고급 대절 차량)을 이용하는 것도 좋다. 하지만 행사 성격상 수요가 공급을 초과하고 또 대부분 다보스 포럼 기간 중 한몫하려는 분들이 많아 가격이 상당히 비싸다. 대안으로 차

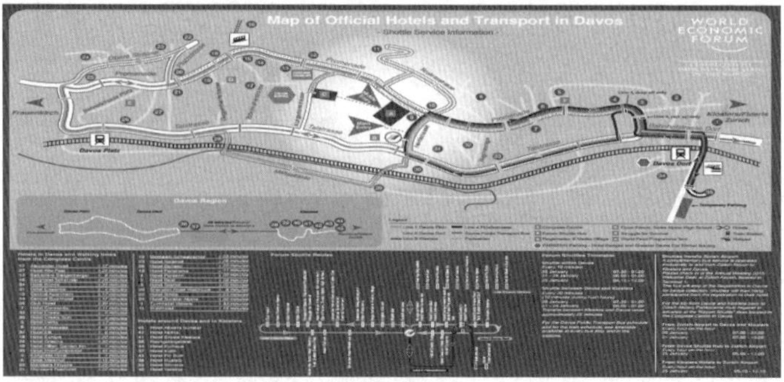

다보스 셔틀 맵 © WEF

량을 렌트하여 이동하는 것도 한 방법이지만, 긴 여행 기간, 그리고 겨울 눈길을 뚫고 이동하는 것은 아무래도 위험천만하다. 그리고 메인 행사장에 사전 등록 없으면 가까이 접근할 수 없어 아주 멀리 주차를 하고 셔틀을 이용해야 하는 불편함도 있다.

더군다나 이번 다보스 포럼은 행사 역사상 30년 내 최대 적설량을 기록했다고 한다. 우리 일행은 도착하는 날 눈보라 속에서 짐 가방을 끌고 간신히 호텔에 들어왔는데 그나마 우리는 상황이 나은 편이었다. 다보스 포럼 메인 행사 참석을 위해 월요일 속속 다보스에 도착한 사람들은 평상시 차로 두 시간 정도면 공항에서 올 수 있는 거리를 예닐곱 시간 걸렸다고 한다. 정시 출발, 도착으로 유명한 스위스 기차도 눈사태로 노선이 끊기거나 지체되어 밤늦게 겨우 다보스에 다다른 사람들도 많았다. 상황이 이렇다 보니 월요일 저녁 일정을 펑크 내거나 다소 지체된 손님들이 많이 있었다.

포럼 기간에는 콩그레스센터에서 무료로 제공하는 셔틀을 새벽 한 시까지 이용할 수 있다. 로컬 기차도 자정까지 다닌다. 택시비는 아까 말했듯 상당히 비싸다. 15–20km 거리 기준 약 20만 원을 지불해야 한다. 다보스 시내에서는 걷는 게 최고다. 그리고 시내버스도 상시 다니며 사람을 실어 나른다.

다보스 포럼, 통신 사정

공항에서 미리 유심카드를 구입한다. 나도 10 스위스 프랑으로 스위스 체류 기간 동안 무제한 데이터를 사용했다. SALT나 SWISSCOM을 추천한다. 행사장에는 무료 와이파이가 제공되나 주변 호텔 행사 와이파이 사정은 썩 좋지 않다. 특히 많은 일정을 좇아 다니고 시시각각 바뀌는 약속 장소나 일정 확인을 위해서는 늘 연결되어 있어야 한다. 첩첩산중이지만 유심카드 하나면 대부분 지역에서 연결성이 나쁘지 않다.

일정 변화에 민감하게 대응하기

다보스 포럼 직전까지 계속 스케줄과의 전쟁을 치렀다. 현장에 도착해 보니 이번에는 시시각각 바뀌는 일정 때문에 또다시 전쟁을 치른다. 다보스 포럼 현장에 오기 전에 사전에 조율된 미팅이 일단 최우선이지만 미팅 대상자들도 높으신 분들이고 개개인의 어젠다에 따라 일정이 유동적이라 시간 버퍼를 두고 계획해야 한다. 그러다 보니 듣고 싶은 세션은 미팅과 미팅 사이에 틈틈이 찾아 듣는 수밖에 없다. 이런저런 이유로 나나 상대방 일정이 밀리기 시작하면 정말 답이 없다. 전화를 직접 받거나 이메일을 수시로 사용하는 분들은 그나마 나은데 비서 없이는 연락이 안 닿는 분들은 가끔 연락이 두절되거나 하면 답이 없다. 마냥 기다릴 수만도 없고 기다리다 기다리다 다른 일정을 위해 이동하고 난 후 연락이 오면 또다시 일정 조율을 시작해야 한다. 이런 경우 대부분 미팅은 불발되고 다음 번을 기약한다.

나의 경우도 포럼 마지막 날 트럼프 연설을 함께 보기로 했던 세계 3대 미디어 그룹의 회장님 사모님도 공식적으로 수행하는 분이 없어(비서 분들은 참석 배지가 없으면 콩그레스센터 보안 데스크를 절대 통과할 수 없다) 서로 위치 확인하느라 007 작전을 펼쳐야만 했다. 특히 이렇게 연세가 많으신 분이나 주변 도움이 없으면 행사장에서 미아 신세가 되기 딱 좋은 분들은 정확히 약속 장소를 정해 만나려고 해도 가끔은 속 터질 때가 있다. 다행히 이슬라엘 최대 벤처캐피털사 피탕고를 운영하고 있는 이스라엘 전 대통령 아들 헨미 페레스가 함께 모시고 들어와서 극적으로 랑데뷰할 수 있었다.

다보스 포럼, 돈 안 내고 가는 법

농담처럼 들리겠지만 방법이 아예 없는 것은 아니다. 다보스 포럼에 초대받았다면 일단 정부나 비영리재단에 속한 사람들은 참가비가 무료이다. 상당히 고가의 행사이기 때문에(보통 개인 참가자의 경우 참가 비용이 수천만 원에 달한다) 다보스 포럼을 행사 기간 동안 만날 대상이 명확하고 이루고자 하는 목표가 분명하다면 다보스 포럼의 부대 행사만 다녀와도 충분히 많은 것을 보고 배울 수 있다. 호텔 배지를 얻으면 콩그레스센터만 제외하고 거의 대부분 행사 호텔은 출입이 가능하다. 어차피 다보스 포럼에 오는 이유는 세션을 보고 듣는 것보다 사람들을 만나는 데 있다. 그런 만남은 메인 행사장 밖에서 더 활발하게 이루어진다.

다보스 포럼, 어떤 옷을 챙겨 갈까?

단정한 복장을 마다할 사람은 없을 것이다. 대부분 정장을 차려 입지만, 비즈니스 캐주얼도 크게 무리 없다. 저녁 만찬도 드레스 코드를 지정하지 않은 곳이라면 단정한 차림으로 충분하다. 단, 동네가 동네이니만큼 바깥은 이글루처럼 춥고 실내는 한증막처럼 덥다. 실내는 반팔을 입어도 될 정도이다.

눈 반 사람 반 — 다보스의 겨울 거리 풍경 © Go Trotting

보안 검색을 위해 자주 외투를 벗어야 하므로 편하게 걸치고 벗을 수 있는 옷이 제일 좋다. 실내 기온에 따라 탄력적으로 대응할 수 있도록 레이어를 몇 개 준비하는 게 좋다.

파티에 초대받았다면 미리 드레스 코드를 확인하고 맞춰 주는 게 좋다. 예를 들면 포럼 마지막 날에는 공식 행사로 수아레(soirée, 무도회)가 열렸는데 남성은 블랙 타이, 여성은 국가 전통 복장이었다. 이번 다보스 포럼에서는 2000년대 유행 음악을 틀고 대대적인 댄스 파티가 열렸다. 물론 평소 입는 정장과 이브닝 드레스로도 충분했지만 아시아에서 온 글로벌 셰이퍼들은 한복과 기모노, 심지어 몽골 전통 의상까지 챙겨 오며 젊은 글로벌 셰이퍼들의 패기를 선보였다.

날씨 특성상 다보스 포럼에서는 부츠와 아이젠은 필수다. 이번 포럼에서는 등록 데스크에서 무료로 아이젠을 나눠주어 매우 유용하게 사용했다. 눈과 얼음의 연속인 미끄러운 길은 아이젠이 있으면 상당히 위안이 된다. 그리고 코트 체크인을 위한 장소에서는 부츠와 외부 신발을 갈아신고 맡길 수 있도록 편의를 제공한다. 실내와 실외를 오갈 때마다 신발을 갈아 신을 여유가 없다면, 구두 같은 부츠를 신기를 추천한다. 물론 세션을 맡았거나 중요한 미팅이 있다면 미리 챙겨간 구두로 갈아 신는 게 좋다.

다보스 포럼 이후

한국으로 돌아오고 며칠은 아무것도 하기 싫은 그로기 상태였다. 그런데 이건 나만 그런 게 아닌 모양이다. 모두들 상당히 격정적인 한 주를 보내고 업무에 복귀해서 그런지 행사 후 첫 한두 주는 상당히 조용하게 지나간다. 하지만 처음 만난 관계는 후속 조치가 없으면 사라지기 마련이다. 향후 계획을 의논하는 팔로우업 이메일이나 전화를 할 수도 있겠지만, 만남을 기억하는 정도의 짧은 교신 정도도 족하다. 당연히 아무 연락 없이 지나가는 것보다는 이후 만남이나 이야기로 진행될 가능성이 높다.

행사 직후에는 모든 사람이 수많은 연락을 받고 또 대부분

비서들에 의해 오는 연락들을 한정적으로 취사선택할 가능성이 높으므로 바로 연락을 취하기보다는 한두 달 정도 여유를 갖고 연락을 취하는 것도 나쁘지 않다. 메일에 직접적인 사업 제안이나 셀프 프로모션은 금물이다. 왜냐하면, 개인의 목적에만 충실한 만남은 오래가기 어렵기 때문이다.

기타 즐길 거리

다보스 포럼 기간 중 주변 스키장이나 조금 더 멀리 있는 세인트 모리츠(St. Moritz)에 있는 고급 스키장을 이용할 수 있다. 이곳에서 스키를 타거나 스노슈잉(snowshoeing), 크로스컨트리 스키도 가능하다. 바쁜 일정 탓에 마음의 여유가 없겠지만 즐기고 싶다면 콩그레스센터 메인 데스크에서 상담을 받고 예약을 하면 된다.

스키장 이용 금액은 그렇게 비싸지 않다. 방수되는 바지, 장갑, 모자 정도만 챙겨 가면 저렴한 비용에 스키 장비를 빌리고 리프트를 탈 수 있다. 설질은 이루 말할 수 없이 좋다. 스키를 타지 않더라도 스키장에 한 번쯤은 꼭 가보길 권한다. 호텔에서 바로 스키장으로 연결되는 리프트가 있는 경우도 있다. 스위스는 정말 멋진 설경을 자랑한다. 설산을 배경으로 열리는 세션도 있을 정도이다.

에필로그

다보스에 먼저 도착하는 사람들

영 글로벌 리더(다보스 포럼에서 선정한 40세 이하 차세대 리더 그룹)와 글로벌 쉐이퍼(30세 이하 커뮤니티 그룹)는 다보스 포럼 이틀 전에 다보스에 도착하라는 연락을 받는다. 시차와 날씨에 충분히 적응하고, 오리엔테이션을 통해 다보스 포럼의 주제나 행사 취지를 충분히 이해하고 본행사에 참여할 수 있도록 포럼이 제공하는 작은 배려이다.

클라우스 슈밥 다보스 포럼 창립자는 아내 힐다 슈밥과 함께 제일 바쁜 포럼 공식 행사 전날 시간을 쪼개어 우리들끼리 비공개로 진행 중인 포럼 커뮤니티 모임에 참석했다. 이번 다보스 포럼의 주요 시사점을 본인의 시각으로 미리 이야기해

주었다. 자기는 평생 가르치는 게 일이었기 때문에 질의응답하는 것을 좋아한다고 하면서 대본 없는 질문에 대해 성심성의껏 답해 주었다. 트럼프 대통령의 포럼 참석 건이나 기술의 진보가 의미하는 바가 무엇인지 등 답변하기 까다로운 질문에도 잘 정돈된 생각을 전달해 주었다. 그것도 아주 이해하기 쉽게 말이다. 슈밥 교수를 보며 그가 48년 동안 애써 온 다보스 포럼의 정신이 무엇인지 다시 한번 강하게 느낄 수 있었고 그가 퇴임한 후에도 다보스 포럼의 가치가 잘 계승될 수 있길 기대해 본다.

이렇게 다보스 포럼 직전 우리들끼리 미니 커뮤니티 모임을 진행한 이후 본행사 기간 동안은 함께 모일 기회가 거의 없다. 모두들 바쁜 일정을 소화하느라 바빴을 텐데 그래도 오고 가면서 친숙한 얼굴들과 나누는 눈인사는 자칫 일면식도 없는 사람들 속에서 고립될 수도 있는 상황에서 큰 위안이 되었다. 포럼 참석자들과 커뮤니티 멤버들에게만 제공되는 라운지 공간에서 잠시 차를 마시며 쉴 때 혹은 행사장 오고 가는 교통편에서 졸린 눈을 비비며 나눴던 소소한 대화들도 기억에 많이 남는다. 특정한 목적을 떠나 사람과 사람 사이 진심어린 대화가 오고갈 때 진정한 관계가 시작된다는 것을 믿는다. 평생 좋은 교류를 나눌 수 있는 사람들이 더더구나 전 세계 어디에 가도 있다는 사실에 정말 마음이 든든하다. 이런 커뮤니티를 만들어 수십 년간 운영하고 있는 다보스 포럼의 노력에 감사의 마음을 표한다.

행사가 끝나는 날도 다보스 포럼 커뮤니티에 속한 차세대 리더들이 함께 모여 다보스 포럼에서 보고 느낀 점을 공유하고 함께 성찰하는 시간을 갖는다. 이런 시간을 통해 좀 더 끈끈한 커뮤니티를 만들 수 있고, 포럼에서 논의한 여러 아이디어를 빨리 실행에 옮길 수 있도록 상호협력하는 분위기를 자연스럽게 조성할 수 있다. 함께 참석한 또 다른 중요한 커뮤니티는 슈밥 재단에서 제정한 사회적 기업가상(Schwab Foundation Social Entrepreneurship Award) 수상자들인데 이들은 매우 열정적이고 사회 변화를 위해 실질적인 노력을 많이 기울이는 사람들이어서 글로벌 쉐이퍼나 영 글로벌 리더들에게도 긍정적인 자극을 많이 주었다.

다보스에서 논의한 일이 어떻게 진행되고 있는지는 중국에서 열리는 섬머 다보스나 포럼 커뮤니티 연차총회에서 후속 공유한다. 40세 이하 커뮤니티인 영 글로벌 리더들은 매년 다보스 포럼 외에도 대륙별로 돌아가며 우리들만의 미니 다보스 포럼을 여는데 이곳에서 다보스 포럼에서 선언된 주요 과제들이 어떻게 진행되고 있는지 또 어떠한 활동에 멤버들이 직접 참여하며 공통된 목표를 위해 함께 노력하고 있는지 소개하는 시간을 갖는다. 예를 들어 영 글로벌 리더 중

한 명인 조지에 베나뎃(Georgie Benardete) 얼라인17 대표는 SDG(Social Development Goals, UN이 제정한 지속 가능성을 위한 17개의 개발 목표) 임팩트 투자 플랫폼을 만들어 SDG를 널리 알리고 투자자 연계를 돕는 일을 하고 있는데 2018년 다보스 포럼에서 UBS와 함께 SDG를 위해 진일보한 파트너십을 소개하는 시간을 가졌다.

UN이 제정한 이래로 2030년까지 달성하고자 하는 17개의 SDG를 위한 임팩트 투자에 대한 협의가 다양한 각도로 이뤄졌다. 이미 UN SDG 프레임워크하에서 많은 투자가 이뤄지고 있으나 단순히 좋은 의도로만 SDG를 대하기에는 실행하는 사람들 입장에서 주변 상황이 녹록치 않다. 또한 여러 이해관계자들이 관여하고 있어서 목적별로 적절한 협력을 구하는 데도 어려움이 많다고 한다. 실제로 SDG의 최대 수혜자와 공여자들 간 펀딩 갭을 메우고자 하는 노력의 일환으로 만들어진 모임인데, 앞서 언급한 얼라인17 대표 외에도 세계적인 로펌 링클레이터스의 글로벌 대표 파트너, UBS의 자산관리부문 회장, 그리고 다보스 포럼의 지속 가능한 임팩트 투자 부문 총괄 대표가 함께 모여 SDG 달성을 위한 투자 기회와 펀딩 갭, 그리고 개인 혹은 기업의 목표와 SDG를 연계하는 방법에 대해 이야기를 나누었다. 단순 공여를 전제로 한 수동적인 기부가 아니라 실제적인 투자 수익 회수와 그리고 사회적 임팩트를 창출하기 위한 방법론을 공유하며 참석자들의 적극적인 협력을 유도했다. 이런 토픽은 한두 번 이벤트 차원의 행사로 끝날 게 아니라 좀 더 스케일-업 된 투자가 일어날 수 있도록 판을 만드는 게 이번 모임의 주목적이었다. 이 행사에는 동료 영 글로벌 리더들도 대거 참석해 힘을 실어 주었다.

30세 이하 커뮤니티인 글로벌 셰이퍼는 전 세계 약 7,000명가량 되는데, 거기서도 뽑히고, 뽑히고, 뽑혀서 온 50명의 글로벌 셰이퍼는 다보스 포럼의 생기를 불어 넣는 역할을 한다. 워낙 에너지가 넘치는 세대라 거의 모든 세션에 들어와 '나는 글로벌 셰이퍼 ○○○입니다'로 시작하는 그들의 질문은 그 수준도 높고 생각의 깊이도 꽤나 인상적이었다. 기본적으로 정부, 비영리재단 소속 인사를 제외하고는 포럼에 초대된 모든 사람은 상당한 고가의 멤버십 비용을 지급하고 와야 한다. 그에 반해 선택된 글로벌 셰이퍼는 참가비는 물론이고 항공과 숙식까지도 모두 지원된다. 한국에도 약 20명의 글로벌 셰이퍼가 활동하고 있는데 사회적 기업가, 예술가 등 다양한 분들이 활동하고 있다. 한국에서도 좀 더 많은 글로벌 셰이퍼가 다보스 포럼을 찾는 영예를 안길 기대해 본다. 그들이 가진 에너지가 너무 부럽고, 아직은 100% '나의 일'을 찾았다고 할 수는 없지만 그들이 가진 꿈과 비전은 강렬했다. 이미 다보스 포럼 메인 세션에서 패널을 맡아 폭넓게 기여하는 기특한 글로벌 셰이퍼들도 다수 있었고 자기들끼리 별도의 프로그램을 운영하면서 배우고 커뮤니티를 만드는 데에도 힘썼다. 다보스 시내에서 차로 거의 한시간 떨어진 숙소를 매일 오고 가면서도 제일 이른 시간 세션의 첫자락부터 저녁 행사까지 꼼꼼히 챙기는 글로벌 셰이퍼들은 포럼 이틀 차부터 체력 방전을 호소하는 나 같은 영 글로벌 리더를 갑자기 너무 늙어 보이게 만들었다.

프랑스 마크롱 대통령이나 캐나다 트뤼도 수상을 보면서 한 세대를 건너뛰어 정권이 교체되고 새로운 변화의 바람이 부는 현상이 앞으로도 당분간 지속될 것으로 본다. 과거의 어떤 구태의연한 관습이나 세력들과도 철저히 담을 쌓고 변화라는 새로운 기치를 목에 걸고 열심히 뛰고 있는 차세대 지도자들은 마크롱이 창당한 앙마르슈(En Marche)라는 정당 명칭처럼 오늘도 전진하고 있다. 이미 초고속 성장 과정에 올라선 글로벌 셰이퍼들을 돕기 위해 물심양면 애쓰는 다보스 포럼을 보면서 미래를 위한 올바른 투자라는 생각이 들었다. 글로벌 셰이퍼들이 우리가 사는 세상을 앞으로 어떻게 만들어 나갈지 두고 볼 일이다.

기본적으로 영 글로벌 리더, 글로벌 셰이퍼, 그리고 사회적 기업가상을 수상한 분들 모두 손을 들어 질문하거나 기득권층을 챌린지 하는 데 전혀 부끄럼이 없다. 늘 다른 관점에서

#DAVOS50 다보스를 더 다보스답게 만드는 50인의 글로벌 셰이퍼 © WEF

끊임없이 '왜(why?)'라는 질문을 던지고, 답을 얻을 때까지 끊임없이 정주행한다. 이미 세계 각처에서 활약하고 있다. 이미 정치 혹은 재계 지도자 자리에 올라 다보스를 되찾는 동료 혹은 선후배 영 글로벌 리더들을 보면 참 배울 게 많다. 한 명 한 명이 정말 소중하고 현장의 이야기를 실어 나르는 그들의 이야기에는 늘 생동감이 넘친다.

이렇게 다른 차세대 지도자들을 만나 다보스 포럼에서 얻은 많은 영감과 아이디어를 실질적 행동으로 발전시키고, 서로 점검하고 피드백을 얻으며 영향력을 점차 확대해 나가고 있다. 이게 바로 다보스 포럼이 존재하는 이유이고 이렇게 기업가적인 마인드로 무장한 차세대 리더들이 이끄는 공동의 노력이 바로 포럼의 미래 성장 엔진이다. 다보스 포럼의 존재가 한국에는 거의 알려지지 않았던 1997년, 영 글로벌 리더

나 글로벌 셰이퍼의 전신 격인 차세대 지도자(Global Leaders for Tomorrow)로 선정되었던 독일 명품 패션 브랜드 MCM 브랜드 오너인 김성주 회장과 다른 선정자들의 커리어 트랙을 살펴보면 전 세계를 무대로 종횡무진 활약하고 있으며 다보스 포럼에서도 전면에 나서 글로벌 어젠다를 만드는 데 크게 기여하고 있다.

2019년 1월 22일부터 4일간 열리는 49회 다보스 포럼과 2020년이면 창립 50주년을 맞는 다보스 포럼이 또 어떠한 강렬한 메시지를 세상에 던질지 기대가 크다. 다보스 포럼은 지난 수년 동안 진전된 이야기를 다시 한번 점검하고 또 다른 미래 방향을 그리는 리추얼(ritual)로서 잘 자리 잡았다. 포럼을 위해 조직적으로 일하는 7백여 명의 포럼 직원들과 포럼과 연계된 막강한 커뮤니티는 집단 지성으로 그 역할을 충실히 잘 수행하고 있다. 2018년 80세가 된 클라우스 슈밥 다보스 포럼 창립자도 여전히 왕성한 활동을 펼치고 있지만 그의 퇴임 이후에 다보스 포럼의 모습이 어떻게 변모할지 무척 궁금하다. 결국 책임 있는 미래의 밑그림을 그리는 것은 슈밥 창립자와 다보스 포럼을 찾는 세계 정상급 리더들이겠지만 그것을 실행에 옮길(carry-on) 사람들은 바로 우리들, 즉, 미래의 주역이자 차세대 리더들이다. '공유할 수 있는 미래'는 오롯이 우리가 책임지고 만들어 나가야 할 것이다.

다보스 포럼에서 말하는 바람직한 리더의 모습은 '모든 이슈에 대해 어느 정도 알고 있고 어떤 상황에든 적응할 수 있는 사람인지' 아니면 '한 분야에 정통한 전문가인지' 질문을 받는다면 나는 '둘 다'라 답할 것이다. 그게 기업이 되었건 국제기구가 되었건 조직을 대표하는 리더는 그 조직이 갖고 있는 미션을 깊이 이해하고 집중해야 한다. 큰 조직을 이끌고 있거나 국가 정상급 지도자라면 훨씬 더 광범위한 주제에 대해 통찰력과 안목을 갖고 있어야 한다. 예를 들어 이번 포럼에서 만난 국가 정상급 지도자들은 모두 자기만의 어젠다가 있고 스타일이 있었다. 맞고 틀리다를 떠나 중요하게 생각하는 가치와 신념에서 나오는 진솔한 이야기를 원한다. 동네 어르신 같은 모디 총리의 연설이나 자국의 이익을 강조한 트럼프 대통령도, 원고대로 읽지 않고 공식 석상에서 드물게 영어와 불어를 혼용하여 가슴에서 우러나오는 메시지를 전달한 마크롱 대통령까지 모두 자신의 신념과 역할에 충실했다고 본다. 그런 신념들이 모자이크처럼 모여 다보스 포럼을 만든다.

누군가 결집된 실행력을 위해 나를 따르라를 외치고 이끌어 주길 기대할 수 있다. 그러나 우리가 서로의 다름을 존중하고 내가 잘 할 수 있는 것, 좀 더 나아가 다른 사람에게 도움이 될 수 있는 일에 매진하다 보면 서로에게 유익한 공동선에 다다를 수 있을 것이다. 전 세계 인구에 비하면 극히 작은 샘플이지만 다보스 포럼은 지구촌의 원형을 보여주는 것 같았다. 트럼프 대통령이 슈밥 교수에게 찬사를 보냈던 것처럼 다보스 포럼은 다른 국제기구나 G20, OECD 등에서도 쉽게 이뤄내지 못한 국가 정상급 인사와 재계 리더들이 함께 모여 민간-공공의 협력을 증진하고 다자간 협력을 통해 공통된 목적을 위해 한걸음씩 나아가는 토대를 기막히게 잘 만들어 놓았다. 판을 깔아 놓았으니 이제 실행을 위한 노력이 필요하다.

다보스 포럼은 내가 생각한 것 이상으로 훨씬 더 거대했다. 모두에게 그들만의 포럼이 있다고 이야기했던 것처럼 나 나름대로 기대했던 이상으로 많은 것을 배우고 얻어왔다. 포럼 전체를 통틀어 가치 있는 만남을 단 한 번이라도 이룰 수 있다면 대만족이라고 했던 나의 낮은 기대치는 백 배, 천 배 충족되었다. 다보스 포럼을 다녀왔다고 내가 더 대단한 사람이 되는 것도 아니고 내가 내는 의견이 어느 날 갑자기 세상을 뒤집어엎을 정도로 영향력 있는 메시지로 바뀌지도 않을 것이다. 왜냐하면, 나는 큰 지구상에 존재하는 많은 평범한 사람들 중 하나이며 어찌 보면 나는 조그마한 이쑤시개만도 못한 존재 아니겠는가? 물론 계속 내 역할에 충실하겠지만 그것은 누구에게 인정받기 위해 하는 것이 아니다.

한 가지 분명한 점은 이번에 만난 사람들이 어찌 보면 표면적으로 참 대단한 사람들이 많았는데 리더의 위치에 오른 사람들의 이면을 살펴보면 대부분 매우 겸손하고 다른 사람들을 배려하는 모습이 남달랐다. 어떤 사람들은 리더는 군림하는 사람이고 자기 생각만 이야기해도 그런 모습이 이상할 게 없다고 이야기할지 모른다. 하지만 다보스에서 내가 만났던 리더들은 훨씬 더 인간적인 면모가 많은 사람들이었다. 큰 기업의 수장이나 국제단체, 정부 요직에 오른 사람들은 다 그만한 이유가 있을 것이다. 트럼프 미국 대통령도 실제 모습은 생각 보다 정상인에 가까왔다. 사업하다 보면 어디서든 만날 법한, 아니면 조금 더 적나라하게 표현한다면 동네 아저씨 같은 푸근한 인상이다. 원하는 게 분명하고, 싫은 게 분명한 그런 단순한 아저씨 말이다. 하지만 그도 지금은 그가 정의하고 있는 바람직한 미국 대통령의 모습에 충실하게 임하고 있을 것이다. 누가 뭐라고 하든 간에 말이다.

공유할 수 있는 미래를 만들어 가자는 거대한 담론에 대한 공식적인 답은 없었다. 각자 다보스 포럼을 통해 알아서 결론을 내리고 앞으로 무엇을 해야 할지 그리고 어디로 나아가야 할지 생각 포인트를 몇 가지씩 얻어 갔다면 그것으로 만족한다. 다보스 포럼에서 마주친 수많은 사람 가운데 수개월 혹은 수년 후 구체적인 협력 관계로 발전할 사람들도 분명히 있을 것이다. 다만 자기의 이해관계나 수익을 좇는 그런 관계뿐만 아니라 함께 사회적인 임팩트를 극대화할 수 있는 그런 만남이 이번 포럼을 통해 시작되었다면 다보스 포럼은 그 자체만 으로도 충분한 가치가 있을 것이다.

인사이드 다보스

초판 발행 1쇄 2019년 1월 21일

지은이 신명철

펴낸곳 고려대학교출판문화원

www.kupress.com
kupress@korea.ac.kr
02841 서울특별시 성북구 안암로 145
02-3290-4230, 4231
Fax 923-6311

찍은곳 (주)동화인쇄공사

ISBN 978-89-7641-980-4 03320

값 12,000원